“十四五”时期国家重点出版物专项规划项目

多元化粮食储备体系及其对粮价影响的研究

——以玉米为例

徐伟平　杨皓森　代瑞熙　著

中国农业大学出版社
·北京·

内 容 简 介

粮食流通市场化改革以来，我国粮食储备体系逐步由原先的国家为主，转变为国家、企业与农户三方共同参与的多元化粮食储备格局。本书首先对新中国成立以来我国粮食储备政策进行梳理，通过实地调研，分析了现阶段农户存粮和企业存粮的行为特征和影响因素；其次，又以玉米临时收储政策为代表，分析了国家多元化的储备政策对粮食价格会产生何种影响；最后，针对新时期我国粮食产业面临的新问题、新挑战，提出了相关的政策建议。

图书在版编目(CIP)数据

多元化粮食储备体系及其对粮价影响的研究：以玉米为例 / 徐伟平，杨皓森，代瑞熙著. -- 北京：中国农业大学出版社，2021.12

ISBN 978-7-5655-2685-5

Ⅰ. ①多… Ⅱ. ①徐… ②杨… ③代… Ⅲ. ①粮食储备－管理体系－多元化－影响－粮食－商品价格－研究－中国 Ⅳ. ①F762.1

中国版本图书馆 CIP 数据核字(2021)第 261833 号

书　名 多元化粮食储备体系及其对粮价影响的研究——以玉米为例

作　者 徐伟平　杨皓森　代瑞熙　著

策划编辑 梁爱荣　　**责任编辑** 梁爱荣
封面设计 郑　川
出版发行 中国农业大学出版社
社　址 北京市海淀区圆明园西路 2 号　　**邮政编码** 100193
电　话 发行部 010-62733489，1190　　读者服务部 010-62732336
编辑部 010-62732617，2618　　出　版　部 010-62733440
网　址 http://www.caupress.cn　　**E-mail** cbsszs@cau.edu.cn
经　销 新华书店
印　刷 北京虎彩文化传播有限公司
版　次 2021 年 12 月第 1 版　2021 年 12 月第 1 次印刷
规　格 170 mm× 228 mm　16 开本　6.5 印张　125 千字
定　价 38.00 元

前　言

我国作为人口大国，粮食安全问题一直都是关系我国稳定发展的基础战略问题。作为调控粮食市场供给、稳定粮食市场价格的有效手段，从新中国成立初期到现在，粮食储备体系为保障我国粮食安全发挥了重要作用。2004 年粮食流通市场化改革，不仅改变了粮食价格形成机制，也对我国粮食储备体系及其发挥的作用产生了巨大影响。在改革不断深入的背景下，现如今国家、企业与农户这三方的粮食储备行为发生了怎样的变化、粮食价格的形成机制发生哪些重大转变、国家粮食储备体系面临着什么新的形势、日后国家粮食储备体系应该如何构建等问题都需要进行深入的研究，以便能够更加准确地对我国下一阶段的粮食安全问题进行决策。在这样的背景下，本书依托国家社会科学基金项目“市场化背景下农户、企业和国家粮食储备体系及其对粮价影响的研究”（批准号 14BJY144），以玉米为例，对以上问题展开了相关研究。

本书主要研究内容包含以下四个部分。

第一部分（第 1～2 章）：先说明了本书撰写的背景、意义和主要框架，然后在粮食储备制度深化改革的背景下，通过全景式描述我国粮食储备体系变化及现状，分阶段描述我国粮食储备制度的形成过程；以粮食流通市场化和农村商品市场发展为背景，尤其是，在国有粮食企业改制、外资和私营粮食企业发展等新情况下，梳理我国当前粮食储备体系。

第二部分（第 3 章）：“存粮于民”行为研究。主要内容包括：构造农户存粮行为模型并对农户存粮影响因素进行实证分析，比较分析农户的行为特征，在分析讨论农户存粮动机及存粮规模的基础上，讨论“存粮于民”的影响因素，挑选关键指标，构建农户存粮模型进行研究，并以辽宁玉米为例，进行种植农户实证分析。

第三部分（第 4～5 章）：定量评估国家粮食储备体系的效果。综述分析玉米临时收储政策的具体内容，对玉米临时收储政策的政策影响进行全面系统总结，然后利用玉米价格数据，通过交叉比对的方法，分析临时收储政策在执行区内部、非执行区内部、执行区与非执行区之间政策效果的区别,从而全方位地分析了玉米临时收储政策对玉米市场的实际影响效果。

第四部分(第6~7章):分析了新时期我国玉米储备体系面临的新形势,并针对当前玉米储备体系存在的问题,总结提出相应的政策建议。同时,提供近年来我国玉米储备的相关政策。

本书的主要结论如下:第一,在农户存粮行为方面,相对来说,农户目前储粮数量并不算多,主要原因在于玉米销售依然是很多农户的主要收入来源之一,需要及时变现来支撑家庭生活,同时储粮设备不全也是影响农户储备的客观因素。第二,从储备条件来看,两级分化现象较为严重,拥有较好仓储条件的农户在储备过程中遭受到的损失也较少,但是这部分农户比例较低。第三,从储备认知的角度来看,农户认为国家在生产环节给予了较大程度的补贴,但是在储备环节的补贴力度较小,同时多数农户认为未来发生粮食危机的概率较小,这也是影响现阶段农户储粮数量的重要因素。第四,通过对玉米临时收储政策的分析,可以看出,玉米临时收储政策在执行期间确实十分明显地提高了玉米价格,同时还有效地抑制了市场上玉米的价格波动情况,临储政策取消之后,在市场化机制的作用下,玉米价格波动有扩大的风险。

谨希望本书的研究内容可以为农业管理部门、涉农企业、农户以及业内研究人士提供一定借鉴。需要说明的是,本书的研究思路、研究方法均为一家之言,同时受疫情影响,调研数据的获取较为不易,仅覆盖辽宁省,因此,本书相关结论仅为抛砖之用,还望共同探讨。

本书的撰写得到了社科基金课题组成员的专业指导和辽宁省农业发展服务中心的大力支持,对此表示诚挚的谢意。同时本书的基础资料收集工作也得到了中国农业科学院营养所王瑞港硕士、叶子琳实习助理和中国农业大学顾雨涵硕士的帮助,在此也表示衷心感谢。

编　者

2021年10月1日

目　录

第 1 章　导　论 …… 1
1.1　研究背景及意义 …… 1
1.1.1　研究背景 …… 1
1.1.2　研究意义 …… 3
1.2　技术路线和主要内容 …… 4
1.2.1　技术路线 …… 4
1.2.2　主要内容 …… 5
第 2 章　我国粮食储备体系的演变和现状 …… 7
2.1　新中国成立后我国粮食储备政策演变历程 …… 8
2.1.1　新中国成立初期至社会主义改造阶段(1949—1978 年) …… 8
2.1.2　家庭联产承包责任制实施至市场经济转型阶段(1978—1998 年) …… 10
2.1.3　21 世纪以来我国粮食储备政策变化(2000 年至今) …… 11
2.1.4　其余相关配套政策 …… 12
2.2　玉米临时收储政策发展及变革 …… 14
2.3　新时期我国玉米储备体系面临的新形势 …… 16
第 3 章　“存粮于民”行为研究 …… 18
3.1　农户存粮行为演变 …… 18
3.1.1　农户存粮动机 …… 18
3.1.2　农户存粮规模分析 …… 19
3.1.3　农户存粮行为特征 …… 19
3.2　农户存粮行为影响因素分析 …… 21
3.2.1　农户存粮的影响因素讨论 …… 21

3.2.2 影响农民售粮与存粮行为的主要因素…… 22
3.3 农户存粮行为模型构建…… 24
3.3.1 问卷内容及指标选择…… 24
3.3.2 模型构建…… 25
3.3.3 统计描述和结论…… 26
第4章 国家玉米临时收储政策执行成效 …… 33
4.1 玉米临时收储政策综合评价…… 33
4.2 玉米临时收储政策的积极影响…… 34
4.3 玉米临时收储政策的消极影响…… 35
第5章 玉米临时收储政策对玉米价格的实证分析 …… 40
5.1 玉米临时收储政策对玉米价格水平的影响…… 41
5.1.1 政策执行区内部比较情况…… 42
5.1.2 非政策执行区内部比较情况…… 43
5.1.3 政策执行区与非政策执行区比较情况…… 44
5.2 玉米临时收储政策对玉米价格波动的影响…… 46
第6章 新时期我国玉米储备体系的政策建议 …… 48
6.1 新时期我国玉米储备体系面临的形势…… 48
6.2 我国玉米储备体系面临的问题…… 50
6.3 新时期我国玉米储备体系的政策建议…… 51
第7章 粮食储备政策 …… 55
7.1 中共中央关于实行粮食的计划收购与计划供应的决议…… 55
7.2 国务院关于建立国家专项粮食储备制度的决定…… 62
7.3 粮油仓储管理办法…… 64
7.4 农户科学储粮专项管理办法…… 69
7.5 中央储备粮管理条例…… 74
7.6 粮食流通管理条例…… 83
参考文献 …… 92

第1章 导 论

1.1 研究背景及意义

1.1.1 研究背景

粮食安全作为国家战略安全之首，始终是治国安邦的头等大事，始终是推动经济发展和保持社会稳定的重要基础。而粮食储备是国家粮食安全体系中极其重要的组成部分，是国家宏观调控能力的重要物质基础。由于粮食生产的季节性和地域性、粮食消费的连续性和超地域性，要求建立必要的粮食储备。“粮食储备”概念本质上讲是一个“最低粮食库存”的概念，是指粮食离开生产领域进入消费领域的停留，其主要作用在于平衡年度间、地区间的粮食余缺，平抑粮食市场价格过快涨跌，缓解粮食市场长期存在的局地性、阶段性供求矛盾。国际上公认的粮食储备概念由联合国粮食及农业组织(以下简称 FAO)提出，其含义类似于我们理解的“结转储备”，即新作物年度开始时，可从上一年收获的作物中得到的粮食储备。粮食储备主要包括“周转储备”和“后备储备”。周转储备是流通领域的商业性粮食存量的最低规模，它表现为一般商业库存、在售粮食、在途粮食和在加工粮食；后备储备是一个国家除去周转储备和战略储备以外的全部粮食储备。从这个定义看，粮食储备＝周转储备＋后备储备。当然，一个国家往往还因为战略需要而确定一定的专以战略为目标的粮食储备，即战略储备。FAO 也确认过，但却将战略储备排除在结转储备之外，实际上，一个国家的粮食储备应该包括战略储备、周转储备和后备储备。若将粮食储备从经济目标扩展到战略目标，则扩展后广义的粮食储备为：粮食储备＝战略储备＋周转储备＋后备储备。

中国习惯上沿用传统粮食储备的概念，这与国际公认的粮食储备概念在内涵上有所不同。分阶段看，1990 年以前，新中国粮食储备就是由战略储备和备荒储备这两部分组成。此后，为了解决主产区农民卖粮难问题、保护农民种粮积极性、促进粮食生产持续稳定发展、保障国家粮食安全，1990 年 9 月 16 日，国务院以国发〔1990〕第 55 号文件印发《国务院关于建立国家专项粮食储备制度的决定》，明确提出“增强宏观调控能力，搞好丰歉调节，保证市场粮食供应和粮价的基本稳定”，并将备荒储备纳入专项粮食储备。1998 年，针对储备粮管理中长期存在的储备与经营不分的状况，国务院决定对专项储备粮与企业经营性粮食实行分开管理。因此，中国粮食储备体系包括战略储备、专项储备（相当于“后备储备”）和周转储备（商业经营性储备），此外还存在数量庞大的农户储备和企业储备。而“专项粮食储备”主要包括备荒储备和市场调节储备。即：粮食储备＝战略储备＋周转储备＋专项储备＋农户储备＋企业储备。2004 年以来的粮食流通市场化改革，不仅改变了粮食价格形成机制，也对我国粮食储备体系及其作用的发挥产生了极大的影响。随着改革的进一步推进，在多元化粮食储备初步形成的大背景下，农户与企业的粮食储备行为发生了怎样的变化、国家储备体系作用如何等问题亟须深入研究。

近些年来，国内外对我国粮食储备体系现状及变化情况、农户存粮行为、企业存粮行为、国家粮食收购储备及市场投放政策效果、我国粮食储备体系作用等方面都进行了一些研究。一是关于我国粮食储备体系现状及变化情况的研究。目前，FAO、美国农业部（USDA）等国家和国际组织对包括我国在内的世界主要国家的粮食储备总量进行估计，并定期发布粮食供需形势报告。我国粮食储备体系包括三个层次：中央和地方的公共储备、农户存粮以及企业储备（贾晋等，2011）。因此，需要区分中央、地方、企业及农户等各主体，研究粮食储备总量及变动，才有助于预测粮食总供给和市场价格可能的变化趋势，从而制定更有效的生产、储备和进出口政策（苗齐、钟甫宁，2006）。二是关于农户存粮行为的研究。对小规模农户而言，自产自用的部分不可忽视，因此粮食消费安全是中国农户存粮的主要动机（Park，1999；张瑞娟、武拉平，2012）。基于这一点，对农户存粮行为的解释，可能要使用以效用最大化为目标的农业家庭模型（Renkow，1990）。此外，市场投机、风险规避也是影响农户存粮决策的重要因素（Saha，1994；Park，2006；万广华、张藕香，2007）。随着农村家庭成员离“土”、离“乡”进程加快，农户存粮意识逐步淡化（史清华、徐翠萍，2009），尤其是粮食购销市场化之后，农户从市场购买口粮的比例提高（武翔宇，2007）。三是关于国家粮食收购、储备及市场投放政策效果的研究。在 2006—2008 年国际粮食价格大起大落的背景下，我国粮食价格基本保持稳定，这其中国家政策性储备粮市场投放发挥了重要的作用（Yang et al.，2008）。尤其是，库存对市场的信号作用更为明显（卢锋、谢亚，2008；黄季焜等，2009）。在发展中国家，市场存在失灵并且激励适当的条件下，政府粮食市场调控政策将有利于脆弱的小农户，从而稳定农业生产，进而有利于国民经济(Cummings Jr. et al. ,2006)。但是，政策发挥作用依赖于基础设施和制度设计(Rashid et al. ,2007)。目前，最低收购价政策、国家粮食储备临时收购计划、政策性粮食竞价交易互为补充，共同构成了国家粮食市场调控的主要手段(彭超，2012)。四是关于我国粮食储备体系作用的研究。我国粮食安全在很大程度上取决于农户的粮食储备粮及其空间分布(万广华、张藕香，2007)。农户存粮的投机动机还会对通货膨胀等宏观经济变量产生一定的影响(宋国青，1995；孙希芳等，2004)。国家公共粮食安全储备则要保障供给并控制财政成本，应当建立一定的经常性储备、过剩粮食储备以及极端储备(马九杰、张传宗，2002；吴志华等，2002)。

但已有研究存在明显的不足和局限。主要表现在：第一，对于我国近期和当前的粮食储备体系现状与变化，尚缺乏全景式的描述。2004 年以来的粮食流通市场化改革，对国家、企业、农户粮食储备地位和作用产生了重要的影响。例如，国有粮食企业退出，外资、私人粮食企业进入粮食市场，并成为粮食储备体系的重要组成部分，这对我国粮食储备体系的作用产生了重要影响。第二，关于我国粮食储备主体行为的研究，没有统一的框架。突出表现在，现有农户存粮行为的相关文献往往只针对投机动机或消费安全动机的某一个方面，而且较少引入基础设施、制度环境等变量。实际上，基础设施和制度设计等经济结构对经济主体行为变化的重要作用已经受到了新一轮的关注(林毅夫，2011)。第三，在粮食流通市场化的背景下，以国家粮食储备体系吞吐调节为核心的调控政策效果究竟如何，这个问题亟须评估，并提出完善相关政策的建议。第四，2012 年以来，我国主要农产品普遍存在国内外价格倒挂情况，特别是玉米，到 2015 年逐渐形成了国家库存严重高企、顺价销售困难、财政压力巨大的特殊情况，统一由国家收储已不适合再继续执行，将“存粮于库”改为“存粮于土”“存粮于民”“存粮于企”才是可靠出路。在粮食流通市场化和农村商品市场深化发展的当下，对多元化粮食储备体系进行系统性总结评价，进而研究探讨多元化粮食储备对粮食价格的影响十分重要。

1.1.2 研究意义

自 2004 年以来的粮食流通市场化改革，改变了粮食价格形成机制，使我国粮食生产实现“十一连增”，供求从基本平衡转向充裕，但国家粮食安全仍面临严峻的挑战：其一，粮食比较效益下滑，粮食丰产，而农民没有增收的情况时有发生，影响农民种粮积极性，年轻力壮的劳动力纷纷外出打工，农村劳动力老龄化现象日趋严重；其二，随着工业化、城镇化进程的加快推进，一些地方出现耕地用途非农化、农村产业非农化现象，耕地和淡水等农业资源不断减少，也制约了粮食生产持续发展；其三，粮食需求刚性增长态势明显，我国口粮消费稳定增长，饲料用粮和工业用粮较快增长，粮食和主要农产品有效供给压力加大；其四，国际农业市场竞争加剧，以玉米为例，全球玉米供过于求格局延续，国际粮食价格持续低迷，相当一段时间以来，我国玉米国内外价格倒挂已成为市场运行的常态，国家粮食储备收购财政成本越来越高，临时收储政策继续实施面临很大困难；其五，国内粮食储备库存量高企，而在粮食产量“十一连增”、国内需求没有显著提升的情况下，粮食进口量却在逐年提高，致使出现“国产粮食进入国库，进口粮食占领市场”的“怪现象”。面对粮食安全的新形势，我们必须站在宏观整体和长远稳定的角度，优化我国粮食储备体系，对国家粮食储备的合理规模、层级、布局以及管理体制进行研究，并进一步完善粮食储备管理体系，有效调控粮食市场和价格，确保国家中长期的粮食安全。

匡远配(2008)认为，农户储粮是我国粮食储备体系的重要组成部分，储存量占全国粮食总产量的60%～70%，保障着9亿农民的口粮，其在分担国家粮食安全责任方面是不可忽视的。因此，对农民粮食储备环节给予补贴，提高农民储粮的积极性和储粮的质量，建立起系统的粮食储备补贴实现机制，对保障国家粮食安全具有很大的现实意义。本研究的意义主要表现在以下三个方面：第一，在粮食流通市场化和农村商品市场发展的背景下，对我国粮食储备体系的发展变化进行全面系统地描述，总结农户、企业、国有部门等粮食储备主体的地位、作用，为粮食安全保障政策的完善提供重要的基础。第二，针对农户存粮行为开展调查研究，通过数据分析和模型构建等手段，对未来的趋势进行较为准确的预测，产生重要的理论价值和学术价值。第三，对国家粮食储备体系在内的国家粮食市场调控政策进行定量分析和实证研究，对完善我国农业支持保护体系产生重要的现实意义。

1.2 技术路线和主要内容

1.2.1 技术路线

我国粮食储备体系主要由国有粮食部门、企业和农户三大主体构成。农户存粮的动机主要有家庭粮食消费、市场投机、谨慎安全等，加工流通企业粮食储备行为则受到利润最大化内在动机的驱使，国有部门粮食储备则是最低收购价、临时收储、储备轮换、国储拍卖等政策运行的轴心。而且，三大主体的粮食储备结构、行为、绩效，受到交易成本、国家政策、基础设施等经济结构因素影响。本书借鉴了产业组织理论中的“结构—行为—绩效”范式。粮食流通体制改革、粮食加工和流通产业转型、农村商品市场发展、农民收入增长变化等结构性因素，决定了国家、企业、农户的粮食储备行为，进而又影响了粮食价格稳定这一宏观绩效。本书通过对以上问题的研究，提出完善我国粮食储备体系的思路。

1.2.2 主要内容

本书在粮食流通市场化和农村商品市场发展的背景下，对我国粮食储备体系的发展变化进行全面系统的描述，总结农户、企业、国有部门等粮食储备主体的地位、作用，同时将各粮食储备主体的行为纳入一个统一的分析框架，并对未来的趋势进行预测，对国家粮食储备体系在内的国家粮食市场调控政策进行定量分析和实证研究，进而提出完善我国粮食储备体系的思路和建议措施。全书共 7 章分为四个部分(图 1-1)。

第一部分(第 1～2 章)：先说明了本书撰写的背景、意义和主要框架。然后在粮食储备制度深化改革的背景下，通过全景式描述我国粮食储备体系变化及现状，分阶段描述我国粮食储备制度的形成过程；以粮食流通市场化和农村商品市场发展为背景，尤其是，在国有粮食企业改制、外资和私营粮食企业发展等新情况下，梳理我国当前粮食储备体系。

第二部分(第 3 章)：“存粮于民”行为研究。主要内容包括，构造农户存粮行为模型并对农户存粮影响因素进行实证分析。比较分析农户的行为特征，在分析讨论农户存粮动机及存粮规模的基础上，讨论“存粮于民”的影响因素，挑选关键指标，构建农户存粮模型进行研究，并以辽宁玉米为例，进行种植农户实证分析。

第三部分(第 4～5 章)：定量评估国家粮食储备体系的效果。综述分析玉米临时收储政策的具体内容，对玉米临时收储政策的政策影响进行全面系统总结，然后利用玉米价格数据，通过交叉比对的方法，分析临时收储政策在执行区内部、非执行区内部、执行区与非执行区之间政策效果的区别，从而全方位的分析了玉米临时收储政策对玉米市场的实际影响效果。

第四部分(第 6～7 章)：分析了新时期我国玉米储备体系面临的新形势，并针对当前玉米储备体系存在的问题，总结提出相应的政策建议。同时，提供近年来我国玉米储备的相关政策。

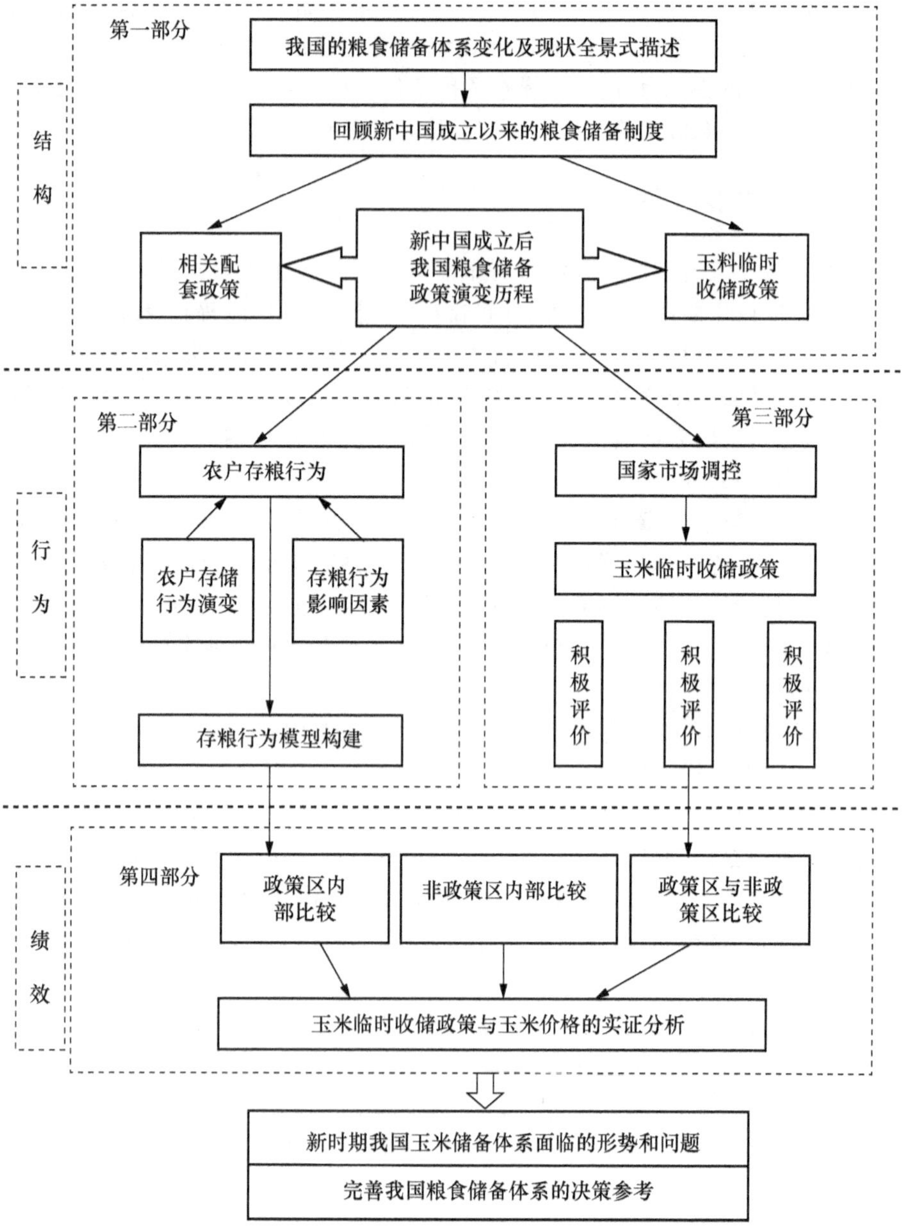
第一部分
我国的粮食储备体系变化及现状全景式描述
回顾新中国成立以来的粮食储备制度
结构
相关配套政策
新中国成立后我国粮食储备政策演变历程
玉料临时收储政策
第二部分
农户存粮行为
农户存储行为演变
存粮行为影响因素
存粮行为模型构建
行为
第三部分
国家市场调控
玉米临时收储政策
积极评价
积极评价
积极评价
第四部分
政策区内部比较
非政策区内部比较
政策区与非政策区比较
玉米临时收储政策与玉米价格的实证分析
绩效
新时期我国玉米储备体系面临的形势和问题
完善我国粮食储备体系的决策参考

图 1-1　技术路线

第 2 章　我国粮食储备体系的演变和现状

我国作为人口大国，粮食的稳定供给一直都是保障民生的头等大事，在 2003 年我国粮食遭遇大幅度减产之后，粮食安全这一问题更是成为社会各界热烈讨论的话题。因此，在 2003 年之后我国政府陆续出台了以减免农业税、种粮直补为代表的一系列惠农强农政策，旨在提高农民种粮积极性，在生产端稳定粮食产出，2003 年之后，我国粮食产量连续多年稳定提高，实现“十二连增”“十七连丰”的壮举。近年来，我国粮食产量已经稳定在 6.5 亿吨以上，2020 年更是达到 6.69 亿吨。从后续结果来看，一系列减补政策的出台确实在粮食生产端做出了重大贡献。但是需要注意的是，从整体来看，我国粮食供需仍然处于紧平衡状态，存在品种结构性失衡、区域间结构性失衡等问题。从市场价格来看，以玉米为例，2014 年 9 月玉米价格突破至当时历史高位，均价超过 2 600 元/吨，在 2017 年又回落到 1 480 元/吨，之后恢复上涨，2021 年 3 月均价超过 2 900 元/吨。如此巨大的价格波动幅度说明我国玉米在年份间也存在供需失衡情况，在生产端已经能够提供足够生产力的情况下，我国粮食依然出现多种失衡现象，这说明对于我国粮食产业仍需进行一定的宏观调控。

粮食储备体系可以有效平抑粮食市场内时间和空间上的波动，通过对粮食的收储和释放来有效应对市场上供需失衡局面，在稳定粮食价格、确保粮食供给上有着不可或缺的作用。自新中国成立初期我国提出“储备粮”概念以来，粮食储备体系在我国经历了长时间的发展，最终形成了以中国储备粮管理总公司为核心的国家粮食储备垂直管理制度。但是近年来，随着我国粮食产业对外开放水平的不断提高，再加之其余政策措施和粮食产业自身竞争力不足的原因，粮食产业出现了“洋货入市、国货入库”的怪异现象，多地粮库也出现了周转困难、粮食难以出库等局面，导致储粮效率低下、损耗和管理成本过高，使得原本以财政补贴为手段，实现平抑国内市场粮价、提高国内粮农收入的政策目标大打折扣。2013 年，中央经济工作会议上提出新时期我国粮食安全战略"以我为主、立足国内、确保产能、适度进口、科技支撑"。这一战略的提出,说明我国粮食在下一历史阶段仍将面临更进一步的开放格局,现有的粮食储备体系将会迎来新的挑战。为了更好地面对将来面临的挑战,同时对粮食储备体系中存在的现有问题做出有效应对,就需要弄清粮食储备体系发展至今的演变历史以及各个阶段的时代背景,分析粮食储备体系在我国的发展脉络,从而更好地为优化我国粮食储备体系提出有效的建议。

2.1 新中国成立后我国粮食储备政策演变历程

2.1.1 新中国成立初期至社会主义改造阶段(1949—1978年)

1949—1952年,新中国成立初期,国民经济亟待恢复,在此期间实施的主要土地政策为土地私有化,以提高种粮者的积极性,同时粮食市场主体以农户和私营商家为主,粮食市场实行自由购销政策。在当时的时代背景下,物质短缺、粮食供应乏力,国家粮食工作的重点是提高粮食产量,促进农业生产,系统化的粮食储备体系尚未建立,国家储备粮主要由征收来的公粮组成。但是在自由购销和粮食短缺的双重作用下,部分商家开始进行投机行为,哄抬粮价,北京、上海等大城市粮价多次上涨,带动全国粮价上涨,加剧了城市粮食供应困难等问题,并且影响到整个国家市场的稳定。1950年,当年粮食丰收,在存有余粮的情况下,国家政府提出"储备粮"概念,用以应对战争、灾害等重大突发事件,平抑粮价波动,稳定粮食供应,中央粮食储备体系开始初步建立,各地区开始兴建粮库用以粮食的储备和周转,由政府直接负责管理。同年,国家相继成立了中国粮食公司和粮食管理总局,前者的工作重心是负责粮食调运工作,保障灾区、城市的粮食供应,稳定粮食价格,加强粮食管理,减少粮食消耗。后者的主要工作是负责在全国各地建立垂直领导的国家粮库,由中央统一领导各地的粮库对粮食的收储。

1952年,为了稳定粮食供求,中央粮食部建立,使我国的粮食储备更加规范,储备条件不断改善。中央粮食部是指中国粮食公司和粮食管理总局,主要负责全国粮食的经营与管理,采用政企合一的组织方式对全国粮食进行管理,同时管理公粮入库、仓储。但是在当时粮食短缺的情况下,如果任由市场自由买卖,粮商的投机行为势必会对粮食的稳定供应和整个国民经济造成重大影响,同时在新中国成立初期,城镇人口数量飞速上涨,工业用粮需求也急速上升,整个国家对于粮食的需求大幅度增加。1953年,为了更好地控制粮食资源,实现粮食资源的有序调配,中共中央发出了《关于实行粮食的计划收购和计划供应的决议》，通过政府的强制力量，让农户将生产的粮食卖给国家，全社会所需要的粮食全部由国家统一调配并进行供应。为了保证公粮征收工作的顺利实施，我国制定了严格的公粮征收管理制度。由政府指定的国营粮食企业在粮食收储中占有的比重很大，通过扩大代购代销点的数量来增加征收公粮的总量。此外，我国还注重粮食管理团队的建设，积极开展各种技能培训，为粮食征收、收储工作选拔人才。在这一历史阶段中，由于政府在粮食市场上以强制性的政策手段扮演了垄断性质的粮商角色，粮食流通损耗、交易成本降低，政策定价也使得粮食价格保持稳定，政策作用下，粮食收购数量大幅度增加，同时粮食需求也需要国家调配，浪费现象有所遏制，双重作用下，粮食储备数量也有相应提升，但是仍然不具备过多规模，仅有 20 亿千克可作为粮食储备，相较于 1952 年全国 5.79 亿的人口数量来说，人均储粮不足 3.5 千克，仅能用于周转性救灾，无法应对战争以及大规模灾害等突发事件。由于当时采用政企合一的组织形式对全国粮食进行管理，因此公粮私粮混用、公粮挪用等现象时有发生，整体管理和账目都稍显杂乱。

1953—1978 年，社会主义改造基本完成，农业合作化逐步实现，随着工业化的不断发展，城市人口持续增加，我国对于商品粮的需求不断提升。同时，受到新中国成立初期自然灾害的影响，发展粮食储备体系正式提上日程。1954 年，中共中央在《关于粮食征购工作的指示》中明确指出“为了应对灾害和各种意外，国家必须储备一定数量的粮食”。1955 年，“备荒粮”制度正式开始实施，从原来的国家周转库存中划拨一部分，称为“甲字粮”。“甲字粮”由各级粮食部门进行仓储，但其粮权属于中央，并且将周转库存计算在粮食储备统计范畴之内，明确了粮食储备的计算范围。1962 年，中苏关系恶化，台湾海峡局势紧张，出于国防安全方面的考虑，中央军委决定建立“506”战略储备粮油。军用“506 粮”作为战备需要，粮权属于中央军委。“甲字粮”与“506 粮”均有其专属用途，非故不得使用，地方政府无权调配。1962 年，中央明确提出，逐步增加国家、集体、个人的粮食储备，要求保障粮食储备以一定比例逐年上涨。1963 年，农村集体所有的农村储备粮制度建立，但集体所有的粮食储备占粮食总储备的比重较低，在当时并不能对整个国家的粮食储备产生较大影响，但是为日后农村集体的粮食储备工作提供了指导方向，国家储备粮和农村集体储备粮的“双轨”粮食储备制度形成。虽然农村集体储备用粮的粮权归集体所有，国家粮食部门也可以帮助集体代管部分储备粮，以应对可能发生的灾荒，因此也可以将集体储备用粮理解为国家储备，即“甲字粮”的后备储备。1964 年，国务院将国家粮食储备纳入年度粮食收支计划，国家储备正式建立。在此之前，虽然存在国家储备粮，但是由于粮权并不明确，许多国家储备粮最终被用作周转库存。在这一阶段的后期，受到“左倾”粮食政策及自然灾害的影响，导致粮食储备难以应对灾荒，以及过于重视工业生产，导致从事农业生产人口减少、无法满足粮食需求等问题。

2.1.2 家庭联产承包责任制实施至市场经济转型阶段（1978—1998年）

1978—1990年，家庭联产承包责任制全面实施，农民生产性得到释放，农业生产水平显著提高，新中国成立以来一直存在的粮食供给紧张局面得到缓解，粮食自由贸易得到恢复和发展，农民的生产积极性进一步提高，中央储备粮和农村储备粮的规模也逐渐扩大。随着粮食收购价格的提升，长期存在的粮食供应不足问题得到根本扭转，我国粮食生产出现相对过剩。由于粮食供求关系的转变，粮食的稀缺属性逐渐降低，计划经济背景下的粮食统购统销政策也逐渐退出历史舞台，在“甲字粮”“506”粮和农村集体储备用粮的三方作用下，切实保障了人民群众的基本需求，使我国度过了新中国成立初期艰难的历史阶段。自此之后，计划经济逐渐向市场经济转变，国家储备粮制度也逐渐由原先较为单一的保障粮食稳定供给转变为保障粮食稳定供给和稳定粮食价格的双重作用。

1990—1998年，此时期是国家经济制度由计划经济转型为市场经济的过渡时期，国家专项粮食储备制度开始建设。在20世纪90年代初期，农民生产性持续提高，农业生产力也不断提升，粮食生产持续丰收，在市场经济体制下，粮价下滑，部分地区出现了“卖粮难”“储粮难”的问题。为应对这一问题，国家粮食储备局成立，专项粮食储备制度正式建立，《国务院关于建设国家专项粮食储备制度的决定》顺利颁布实施，形成了中央、省级、地（市、县）三级粮食储备体系，“甲字粮”也转入专项储备。国家对于粮食的宏观调控能力得到增强，更好地调节粮食生产的波动性、季节性与粮食消费的稳定性、长期性之间的矛盾。专项储备制度的实施主要是为了保障农户的种粮积极性、稳定粮食的市场价格、应对突发灾难和紧急情况，政府运用对粮食的宏观调控，进行丰歉调剂，解决好粮食市场的供求矛盾，维护广大人民的利益。专项储备制度的形成为日后我国“专项＋战略＋周转储备”的中央粮食储备体系的建立奠定了基础。1992年，为了实现粮食储备机构的规范化管理，国家开始对各个粮食储备库进行挂牌命名。截至1996年年末，批准命名的国家粮食储备库已经有1 300余个，并且多数处于交通便利地区，调度灵活，为粮食安全提供了更好的保障作用。

1994年，国务院发布《国务院关于深化粮食购销体制改革的通知》，该通知强调了地方粮食储备工作的重要性，明确了地方粮食储备必须实施粮食领导负责制。

1995年，为明确地方粮食储备的责任、减轻中央粮食储备的财政负担，国家提出了“米袋子省长责任制”，此后各级政府地方粮食储备得到进一步发展。同年，中央发布《关于粮食部门深化改革实行两条线运行的通知》，这次通知不仅要求粮食部门实施两条业务路线，即政策性业务路线和商业性经营路线，且将两条路线独立分开，还对地方储备粮规模做了具体要求。1996年，国家粮食储备局要求部分粮库代理收购国家专项储备粮。中央拥有专项储备粮、战略储备粮、周转储备粮的粮权；地方掌握地方储备粮的粮权，同时代管部分中央储备粮。1994年，提出建立粮食风险基金制度。1995年，中央直属储备粮库建立。1995年，国务院下发通知，要求粮食部门的政策性业务和商业性经营分离，用以解决粮食挪用以及账目混淆等问题。这一阶段粮食储备政策不断完善，粮食储备规模也得到了大幅度提升，但是仍然存在一些问题：粮食市场价与收购价之间存在差距，导致收储困难；中央与地方在专项粮食储备上依然存在委托代理问题，地方粮食部门依据自己的利益，而不是国家政策对粮食进行收储，国家储备粮出现了“调不动、用不上”的问题；粮食风险基金的规模不足，无法满足农民需求。

2.1.3　21世纪以来我国粮食储备政策变化(2000年至今)

2000年，为了解决中央储备粮在储备过程中存在的委托代理问题，中国储备粮管理总公司成立，国家对中央储备粮进行垂直管理。中央储备粮由战略储备和专项储备粮构成。中粮储相应地区的分公司接收各省(自治区、直辖市)的中央储备粮业务，地方不再负责中央储备粮的收购和存储。地方储备粮与中央储备粮分离，便于管理。将符合条件的中央储备粮库和原国家直属库转为中储粮总公司的直属库。“总公司—分公司—直属库”的中央储备粮垂直管理系统建立。国家粮食储备由原来的行政指导转变为依靠经济以及法律方式进行调控。

2001年，《国务院关于进一步深化粮食流通体制改革的意见》提出，为了增强国家的宏观调控能力，应当扩大中央储备粮规模。两年内中央粮食储备达到7 500万吨。同年，我国加入WTO，根据我国与世贸组织的协定，中国将取消非关税措施、削减农产品关税、停止对出口农产品的补贴，对敏感农产品进行关税配额管理，对国内的农业支持政策加以限制，逐步开放农业市场。中国进入激烈的国际农业市场竞争中，农产品生产与贸易面临国际市场的冲击，国内农业领域的调控难度也在增强。

2003年《中央储备粮管理条例》开始实施，从法律上为国家储备粮的管理提供了保障。由于农业生产能力的提高以及对粮食储备制度化的管理，2004—2008年，我国粮食产量连续五年增长，2008年人均粮食占有量达到404千克。2004年，

《粮食流通管理条例》颁布，对于恶性粮食经营活动做出了严格规范，要求加强粮食流通各环节的监管，加强粮食质量安全监管，减少粮食损失与浪费。同时该条例明确了中央储备粮主要应对重大突发状况所造成的影响以及全国性的粮价波动，农民粮食销售困难的问题主要由地方粮食部门处理。为了解决农民“卖粮难”“谷贱伤农”的问题，2005 年，我国开始实施粮食最低收购价政策，形成以中央、省级、地(市、县)储备为主体，兼顾战略粮食储备、后备粮食储备、专项粮食储备的多元化储备体系。2008 年，为了保护农民利益，稳定粮食生产，国家粮食临时收储政策出台。粮食储备政策使得农民能以国家规定的最低收购价出售粮食，有助于提高农民的预期，稳定农产品的生产经营活动；同时，在丰产的年份进行临时收储，可以维持农产品的价格，再将粮食择机投入市场，保证农产品的供应。

2008 年，我国对玉米、大豆等作物实施了临时收储政策，以此来保护农民利益，稳定粮食生产，稳定粮食的市场价格，防止“谷贱伤农”现象的出现。该政策是指国家通过收购的方式，将大于市场需求的一部分粮食储存起来，相当于变相地减少了市场的供给，稳定了粮食价格，保障了农民的生产积极性。

2013 年至今，我国进入中国特色社会主义的新时代，伴随着我国主要矛盾的变化，粮食产业方面的矛盾也发生了变化，粮食需求不足已不再是制约社会经济发展的问题，粮食结构性的矛盾是当前我们应着力解决的问题。解决粮食供给侧矛盾，需要党带领全国实施一系列的改革，通过完善粮食储备制度，建立更合理的粮食价格机制，处理好政府与市场在粮食问题上的关系，从供给侧的角度制定更合理的粮食储备政策，最终促进我国粮食产业的发展。

2.1.4 其余相关配套政策

在 2003 年，国家粮食产量降到低点，除了完善储备政策之外，国家还陆续出台了一系列生产扶持、流通以及贸易政策，全方位、成体系地保障了我国的粮食安全。

在生产扶持政策方面，主要包括粮食主产区强化生产政策、减免农业税政策、直接和间接补贴政策、农业基础设施投入政策、农业保险政策、耕地建设政策等。强化生产政策是指保障和提高农业基础设施的生产能力，增加对农业资金的投入，从而在粮食主产区实施优质粮食工程建设，推行粮食生产能力建设。直接和间接补贴主要是国家通过对良种、农机具、农资等进行补贴，从而减少农户从事粮食生产的成本，进而促进农民增收。2016 年完成了三项补贴改革，将种粮直补、良种补贴、农资综合补贴合并为农业支持保护补贴。减免农业税政策是指在 2006 年废止《农业税条例》，全面取消农业税正式生效，表明了农民的自身利益得到了真切的维护，调动了粮食生产者的积极性。农业基础设施投入建设于 2005 年开始运行，在推进大中型农田水利建设的基础上，加大对小型农田水利的建设，主要从资金方面加大支持力度，设立了专项扶持资金。农业保险政策是2007年正式出台，目标是帮助农民降低粮食种植遭受自然灾害的风险，为遭受风险而受损的农民进行补贴。耕地建设政策主要包括保护耕地政策和提高耕地质量政策，具体来说，保护耕地政策以保护耕地总量不减少、质量不下降、用途不改变为基本目标，对我国的农田进行保护。提高耕地质量政策以改造中低产田，建设高标准农田为倾向提升土壤肥力，进而提高土地生产的边际产出率。

在流通政策方面，2003年之后，我国进入全面市场化时期，为了加快粮食市场流通，配合粮食储备体系更好地进行调配，也为了更好地应对多变的粮食消费需求，我国开始着手提高粮食流通效率，降低粮食流通过程中的成本。我国的粮食流通政策主要包括市场发展政策和流通企业发展政策这两大类。对于市场发展政策，党中央在2004年提出实施粮食的购销多元化经营，消除地区之间的流通壁垒，在全国范围内优化粮食收储布局等一系列促进粮食市场不断完善的宏观政策。相对于市场发展政策，流通企业发展政策更注重从微观层面提升粮食流通潜力，国家通过对粮食流通企业、粮食仓储设施企业等提供政策和资金的扶持来增强储运企业的业务能力。

在贸易政策方面，在2002年之前，由于20世纪90年代末国内粮食产量的持续丰收，为了增加农民收益，我国开始加大粮食的出口，这个时期我国粮食的出口价格较低，为了防止粮食出口企业受到亏损，政府在入世之前对出口的粮食实施补贴政策。2002年我国加入世界贸易组织，此后为了响应WTO规则，我国取消了出口补贴，但是依然鼓励粮食出口。2003年之后，由于2003年我国粮食产量达到历史最低，国内粮食价格上涨，为了稳定粮价、解决供求矛盾，从2003年底开始，政府便限制了我国粮食的出口，通过对粮食的出口量进行配额管理，并且逐步取消先前一系列促进粮食出口的优惠措施。2007年12月，党中央决定取消粮食的出口退税政策，同时财政部也宣布对特定的粮食产品开始征收出口关税。2008年1月，中国政府又宣布对小麦、玉米及大米粉的出口实施配额制度，这一系列措施使得我国粮食出口的大门几乎又重新关闭。2008年以后，又因为国内粮食生产成本不断上升，我国粮食在国际市场上缺乏竞争力，取消出口配额制度后，对外也很难实现出口。之后，由于大豆等产品的短缺，我国不得不从国际市场上进口粮食来满足国内需求，因此我国粮食贸易政策开始逐渐转为防御，通过对稻谷、小麦、玉米等主粮的进口配额制度，来抵御国际粮食市场对国内的冲击。

2.2 玉米临时收储政策发展及变革

入世以来，我国农业生产结构面临着重大考验。受国内耕地较为分散以及其他因素的影响，我国在耕地密集型农产品（如玉米、水稻、大豆）的国际竞争中处于劣势，但是在劳动密集型农产品的生产贸易中具有优势。

自2000年起，我国的玉米产量呈现稳步增长态势。2000—2007年，国内玉米供应较为充裕，除了满足国内市场需求，还可以供给出口。2007年，国际玉米市场价格上涨，为了稳定国内粮价，国家限制了玉米出口。2008年，金融危机爆发，国际农产品市场价格大幅度下降，玉米价格也跌回低位，为了应对低价农产品对国内市场的冲击，我国三省一区（东北三省及内蒙古自治区）实施玉米临时收储政策，根据当年的玉米收获数量以及价格情况，制定玉米收储数量与收储价格。与最低收购价政策不同，实施粮食最低收购价的主要品种是小麦和稻谷，而临时收储政策包括玉米、大豆、菜籽等品种，有效地保证了农民利益，稳定了农产品价格。2008年，共实施了三批玉米收储计划，东北三省被收购的玉米产量占总产量的50%，玉米价格下降的趋势得到控制。农民的生产积极性被调动，玉米产量由2007年的15 230万吨增长至2014年的22 458万吨，增幅达到47.46%。玉米产量的增加为粮食收储提供了充足的来源，国家可以更好地进行粮食的宏观调控，在粮价高企时释放库存，粮价低迷时收储，避免粮价大幅度波动。

2008—2016年，国家连续进行玉米收储。随着收储工作的进行，东北地区的玉米收储价格一路攀升，玉米收储库存也不断上涨，已经仓储的玉米销售不畅，造成库存积压。东北地区是我国最主要的玉米产区，玉米的临时收储政策仅在东北进行，东北地区玉米收储价格高于市场价格，而其他地区的玉米价格较低，粮商将华北地区及其他地区的玉米运至东北，产销出现倒挂。政府进行玉米临时收储，使得国内玉米价格保持高位，国内玉米价格持续高于国际市场，呈现国内外倒挂的态势。

临时收储政策使得玉米产量快速增长，国内玉米供求数量格局维持相对稳定。但是，较高的价格也抑制了玉米需求，国内需求者更倾向于进口玉米，导致玉米库存进一步上升。东北地区玉米收储价格只升不降，这使得不少商家开始进行玉米倒卖，本来由于生产条件差异，我国玉米价格普遍存在南高北低的局面，但是由于临时收储政策的存在，东北地区价格已经与南方地区形成倒挂，不少商家从华北等地购买玉米销往东北这一主产地区，形成了主产区玉米供大于求、主销区玉米供不应求的局面，违背了我国玉米流通的一般规律，同时临时收储政策导致的价格倒挂现象，使得多数地区将玉米转向东北地区入库，市面上流通的玉米数量减少。因此，在国家玉米生产数量稳步提升的情况下，部分地区市场供不应求现象仍时有发生，玉米价格持续上涨，并且部分地区还突破了当时的历史高位。

另外，仓储玉米实行顺价销售，再次推动玉米价格上涨，下游产业（如畜牧业、玉米加工业）成本激增，导致玉米消费市场低迷，不少玉米加工企业选择停工。2015 年，黑龙江粮食加工企业的玉米收购量比往年低 40%左右，全省以玉米为主要原材料的加工企业仅有 85%开工。鉴于玉米价格持续走高，甚至高过小麦的价格，越来越多的企业开始选择小麦作为玉米的替代品。2012—2014 年，政策性收购玉米达到 1.8 亿万吨，然而仅销售 3 000 万吨，库存玉米 1.5 亿万吨，大量玉米积压在政府手中，由此带来的成本加重了政府财务负担，并推动玉米价格不断攀升，部分粮食部门为了得到仓储的补贴，以高于国家规定的价格对玉米进行收购，更多玉米流入国家政策储备中。虽然政策为“临时收储”，但在玉米的生产、销售、仓储过程中出现新变化时，政策并没有及时做出调整，也缺少政策退出机制，在一定程度上带来了负面影响。

2016 年，随着对于玉米临储政策认识的不断深入，各方对于玉米临时收储政策垄断式的收购方式导致的市场扭曲现象都达成了共识，玉米临时收储政策在实施过程中，虽然推动了玉米价格的上涨，但是并未使得农民有明显获利，反而提高了国家的仓储成本，加重了加工企业的负担，不同主体之间的收益和成本分配不均，最大受益者是仓储补贴的获得者，也就是负责收购的粮食收储企业以及粮库，但是对于整个玉米产业链的发展不利，同时高昂的收储成本也不允许国家继续进行玉米临时收储政策，因此，2016 年国家在东北三省和内蒙古自治区将玉米临时收储政策调整为市场化收购加补贴新机制，实行“市场定价、价补分离”的原则，玉米价格由市场形成，供求关系靠市场调节，生产者随行就市出售玉米，鼓励各类市场主体自主入市收购。国家实行玉米种植补贴，由中央财政直接对玉米种植者给予补贴，可替代原先玉米临时收储政策中的增收效果。

玉米临时收储政策的调整，一方面是为了玉米产业的健康发展；另一方面是为了降低日益昂贵的国家仓储财政成本。除此之外，临储政策的调整还起到了引导种植结构优化调整和推动大宗农产品市场化进程的作用。由于人民生活水平的提高，居民肉、蛋、奶的消费需求增加，我国畜牧业面临着广泛前景。畜牧业的不断发展也对饲料作物产生了更大需求。为了缓解玉米库存压力，调整粮食种植结构，2015 年，国家开始推行“粮改饲”工作，对玉米生产进行供给侧改革，转变以籽粒玉米为主的种植方式，倡导种植全株青贮玉米、苜蓿等优质饲草料，鼓励玉米与大豆等其他作物轮作，种植青贮玉米和苜蓿等饲料作物，推动各类农产品的科学化、合理化种植。在引领市场化进程方面，政府降低了政策对于玉米产业的干预程度，更加重视市场机制在产业发展以及市场运行中的调控作用，降低市场各方对政策路径的依赖，也避免了市场主体利用政策的寻租行为，增强了各类主体参与市场的积极性，发挥市场在资源配置中的决定性作用，完善农产品价格形成机制。

2.3 新时期我国玉米储备体系面临的新形势

当前国内外环境形势错综复杂，经济、科技、文化、安全、政治等领域的格局都在发生深刻调整，粮食安全作为立国之本，更需要我们审时度势认清当前我国粮食产业所面临的新形势与新要求。玉米作为我国产量最高、播种面积最广的粮食类作物，正确把握新时期我国玉米储备体系面临的新形势新问题，对于认清我国现阶段粮食产业发展现状有重要意义，同时对于下一阶段粮食产业的政策制定也能够提供重要参考。整体来看，新时期玉米储备体系主要面临着四个方面的变化：

(1)国家粮食储备体系的战略目标应更加侧重价格调控而不应该仅仅满足于供求数量调控。在新中国成立初期，由于资源紧张，生产能力不足，国家粮食储备的目的更多在于紧急态势下的应急情况，并不考虑市场上价格的波动问题，但是随着生产力的增长，我国玉米已经在整体数量上实现了供求相对平衡的局面，对于国际市场的妥善运用，也可以在一定程度上应对突发的供求不匹配的问题。但是玉米产业相对于其他粮食产业来说，具有两个特征：①玉米产业链相对较长，玉米不单单可以作为口粮或者饲料粮进行消费，同时也是诸多工业产业的原料之一，可以酿造乙醇来替代燃油的这一作用，更是让玉米与能源市场挂钩；②玉米价格自由度相对较高，临时收储政策取消之后，玉米价格一直都实行市场定价原则，与小麦、稻谷的最低收购价相比，玉米价格拥有较高的自由度空间。玉米的广泛用途，再加上玉米市场定价的自由度，这也使玉米成为粮食作物中价格波动幅度最大的品种。在这种情况下，国家玉米储备体系的政策目标，就更应该注重于玉米市场价格的稳定，在供求数量总体保持平衡的状态下，玉米供求数量的调控仅仅只是手段，最终目的还是应该落脚于玉米价格调控，保障玉米整体产业的健康发展。同时鉴于玉米大宗农产品的属性，还应该妥善利用期货等金融手段，建立健全玉米价格预警监测机制，切实保障国内玉米价格的平稳运行。

(2)农户与企业储备玉米积极性高涨。在玉米临时收储政策实施期间，由于市场扭曲，玉米价格长期高于市场应有价格，并且长期保持增长态势。但是在当时的情况下，国家委托的收储企业以及粮库可以享受到国家的仓储补贴，农户与加工企业并不具备储备优势，但是玉米临时收储政策取消之后，国家鼓励各个市场主体都参与收储之中，玉米价格由于供求形势的变化也依然保持长期增长态势。在这种情况下，农户和企业都具备了储备玉米的条件和积极性，尤其是在东北地区，很多农户都是大规模的玉米种植户，种植面积可达几千甚至上万亩，相比较全国人均仅有 1.5 亩的水平，东北地区农户的规模效应，使得他们更加有动力去选择一个合适的价格进行玉米销售，将玉米储备起来择价出售是很多农户的优先选择。对于企业来说也是如此，企业大规模的玉米收购势必也要择价收购，在低价的时候大量买入，减少玉米的收购成本。在玉米价格较低的情况下需要增加大量仓储，但是这都需要农户和企业具备良好的存储设施，以便能够延长存储时间，保障玉米存储质量。

(3)国家玉米储备长期处于低位。玉米临时收储政策执行期间，我国玉米仓储常年处于高位，多进少出是仓储常态，2016 年之后，国家进行了玉米价格的市场化改革，同时也优化了东北地区的种植结构，在价格下跌以及国家引导的双重作用下，玉米种植面积和总产量都出现大幅度下滑，但是玉米价格的下降使得市面上对于玉米的需求增加，国家借此机会消化了大量积压库存。但是由于 2016 年之后，玉米种植积极性下降，2017 年和 2018 年玉米产量持续降低，玉米价格持续上涨，市场上玉米供小于求，国家玉米库存需要对市场需求进行补充，出现了库存多出少进的情况，2019 年拍卖结束后，临储玉米库存结余量总计约 5 759 万吨，2020 年之后，玉米库存数量已经接近清零。在这种情况下，原先受国家委托的粮食收储企业以及粮库，很多仓储设施都是空位运行。在这种局势下，如何将闲置设备与农户和企业的储量需求相互结合，探寻农户、企业和粮库的联结机制，实施储粮于民、储粮于企的战略，是下一阶段玉米储备体系需要思考的重点问题。

(4)玉米储备更应该面向饲料需求。玉米相对于其他粮食作物而言，作用更加多样化，可做口粮和饲料粮，同时还具备广泛的工业用途。在国家对于口粮定义明确，又大力发展马铃薯主粮化的前提下，可以确定的是玉米的口粮需求在未来会不断降低，同时，玉米的工业用途近年来也只是保持了小幅度的稳定增长态势。随着我国国民经济的迅速发展、人民生活水平的不断提高，整个国民对于肉蛋奶的需求不断攀升，饲料用途会是日后玉米的主要消费出路。在这样的前提下，玉米储备体系应该更加偏向于保证玉米的饲料用途，在收储中更加偏向于饲料玉米，同时玉米储备点的布局，也应该以国家畜牧业发展规划相结合，保障畜牧业发展有稳定的饲料供应，同时也保障在未来我国肉蛋奶需求能得到有效的满足。

第3章　“存粮于民”行为研究

3.1　农户存粮行为演变

3.1.1　农户存粮动机

我国大部分人口是农民，农户通过家庭的粮食储备来满足自己的粮食需求，这在很大程度上减轻了粮食总供给的压力。农户在生产了约占全国需求95%的粮食时，家中也有数量巨大的粮食储备，虽然分散到各农户的数量是微不足道的，但农户的这种粮食储备对国家粮食安全起着重要的作用。吴娟等(2012)研究指出，农户合理的粮食储备至少应包括4个部分：口粮消费、生产性消费、安全储备和商业性储备。农户粮食的供应有保证，国家的粮食安全才不会出现大问题。同时，农村储粮缓解了国家粮库容量不足的矛盾，在财政较紧张的情况下，国家可将有限的资金集中于专储粮的推陈储新以及储粮设施的建设，从而更好地实现专储粮制度的既定目标。

Park(1999)认为，农户存粮动机有两个：一是便利收益或交易成本最小化；二是消费安全。邹彩芬等(2006)认为，农户存粮存在以下动机：储粮备荒、保值、增值。万广华、张藕香(2007)认为，农户粮食储备动机有三个：价格投机、消费安全和交易成本最小化。尽管投机活动存在，但价格并不是中国农户粮食储备行为唯一的决定因素；影响农户粮食储备行为的原因是基于消费安全的考虑而不是交易成本最小化。但也有学者持相反的观点，如 Williams and Wrightf(1991)认为，农户储粮主要是基于价格投机，Park(1999)则用交易成本最小化来解释农户的储备动机。国内学者中，胡小平(1999)合理地运用价格杠杆来对粮食储备进行宏观调控。综上归纳，消费安全是农户存粮的重要因素。农户为了消费安全而储存粮食，政府进行粮食储备仅仅需要关注城镇居民的需求。然而,粮食流通体制改革以来,同时随着我国工业化和城市化进程的加快,农户粮食储备行为发生了很大变化,储备数量逐步减少,为了满足自身粮食需求,在市场上购买粮食的比例比以往大大提高,这给政府粮食储备系统带来很大压力和挑战。

3.1.2 农户存粮规模分析

陈伟红等(2006)认为中国农户自身粮食安全水平比较高,从产销区情况来看,粮食购销市场化后,销区农户更加大了产业结构调整的步伐,非农就业所占的比重不断增加,销区农户粮食储备下降趋势比较明显,对市场依赖程度不断提高。武翔宇(2007)运用 OLS 方法对农户粮食储备影响因素进行分析结果表明,绝大多数农户都有储粮行为,储粮数量与粮食产量高度相关,大部分农户粮食消费可以自给,在过去 3 年的粮食储备数量基本不变,并表示在未来不会减少粮食储存。针对长三角地区,史清华(2009)运用实证分析方法研究长三角农户家庭粮食平衡与安全问题。平均来说,农户家庭的年储粮量仅为 3 个月的消费量,说明农户正将家庭的粮食平衡与安全问题推向社会,由自我防范向社会防范转移;农户家庭的粮食需求对市场的依赖程度越来越高,市场供给将成为解决农户家庭粮食安全的一个重要途径。南方农户的储粮水平大致是满足 4~6 个月的口粮需求,北方农户的储粮水平是 10~12 个月的口粮需求。柯炳生(1997)估计我国农户储备的数量是不断增长的,从 20 世纪 80 年代初期到 90 年代中期,增长了 3 倍左右。

从普通农户的储粮规模看,储粮数量也普遍减少,但不同地区、不同村庄、不同农户存在较大差异。经济欠发达地区存粮多于经济发达地区,山区存粮多于平原地区,粮食销区存粮多于粮食产区,无务工经商的农户存粮多于务工经商的农户。过去,一个四口之家一般储存 1 000 千克左右的口粮,至少能够维持 1.5～2 年的生活。而近几年大部分农户储存量减少到 600 千克左右,基本上是一年的口粮消费量。究其原因,主要是家庭粮食消费乏力:一是农村转移人口逐渐增多,尤其是农村青壮年劳动力大量涌进城市,使农村粮食消费主力减少,在一些劳务输出比较多的村庄,留守老人和儿童成了粮食消费的主体;二是农民生活水平提高,饮食习惯和膳食结构逐步与城市居民接近,主粮消费减少,肉、蛋、奶等副食品消费增加。

3.1.3 农户存粮行为特征

普通农户种粮规模小,外出务工人数多,其储粮行为虽主要来源于千年农耕文明形成的粮食情结和历史上各种灾害造成的饥荒所带来的经验教训，但受粮食价格和家庭经济收入影响较大。从取消粮食合同定购、放开粮食收购、联合收割机大范围推广使用和粮食流通领域完善后，农户储粮意愿、存粮积极性逐年下降。近两年来，河北一些农户收割完小麦，不考虑价格就交易出售。这种情况在务工经商的农户中尤为多见。追问原因，有农户算了一笔账：1 千克小麦目前价格只有 2 元多，1 000 千克小麦即使按 0.1 元的价差，最高也只能多卖 200 元钱，还不如打一天工的工钱。他们认为，现在种粮不划算，存粮也不划算，往家里运输、人工晾晒，来回折腾费时费力，也占地方。现在市场上粮油食品这么丰富，面粉、大米、面条、馒头等成品粮和生熟食品随时随地都能买到，家里存不存粮食无所谓。从普通农户的储粮目的看，储存小麦和稻米主要是满足自己家口粮用，种玉米主要为贴补零花钱。

小麦的储粮方式，按地区不同，主要有四种：①用编织袋存放。这种方式在小麦产量高的地方比较普遍，通常放在屋檐下或平台上通风的地方，特点是便于估算重量和搬运。②大瓮或水泥缸存放。这种方式在不产或产量低的张家口、承德、唐山等几个小麦销区仍较多见，便于长期保存，通常放在室内。③特制铁皮小粮仓。这种方式在 2005 年以后，部分有条件的农户开始自发购买使用。由于存储科学，便于防霉、防虫、防鼠害。2009 年河北省按国家粮食局要求，作为财政补贴专项进行推广，目前已累计配发同一形制的彩钢板组合粮仓近 35 万套，约占全省农户总数的 4%，主要集中在中南部小麦产区。④企业代储，或称集约式存储。这是在企业主导下农户自愿参与的一种商业化的储粮方式。目前，河北省全省有 16 家企业（13 家国有粮库、2 家民营面粉厂、1 家种植合作社）开展这项业务，共为农户代储 1.89 亿千克粮食，其中，小麦 1.36 亿千克、玉米 0.53 亿千克，涉及 28 万农户。主要集中在石家庄、邢台、衡水、辛集、邯郸等地区。玉米储存方式与不同地区民居建筑风格有很大关系。为了通风，居住在平顶房的农户一般在收割玉米后去皮整穗码放在房顶，而居住在瓦房的农户一般批垛在院落一角，或两穗一伍带皮编成小辫悬挂在树干上，个别农户有用钢网围成简易粮囤存放的。在唐山地区农村，部分养殖户用小粮仓在房顶储存脱粒晾晒后水分达到安全标准的玉米。

3.2 农户存粮行为影响因素分析

3.2.1 农户存粮的影响因素讨论

万广华、张藕香(2007)的研究试图实证分析中国农户粮食储备行为的决定因素。针对不同的粮食储备动机,提出三个假设(价格投机、消费安全和交易成本最小化),每一个假设对应于一种储备动机。为了检验这些假设,该文将适应性预期(adaptive-expectation)模型和偏调整(partial-adjustment)模型结合起来,并用收集到的省际面板数据对其进行估算。结果表明,尽管投机活动存在,但价格并不是中国农户粮食储备行为唯一的决定因素;粮食市场越发达的地区,投机活动越多,因而价格对农户粮食储备的边际影响越小;在中国农村,农户倾向于根据偏调整模型而不是适应性预期模型来决定粮食储备水平;影响农户粮食储备行为的原因是基于消费安全的考虑而不是交易成本最小化。

孙希芳、牟春胜(2004)的研究目标是通过实证分析,理解通货膨胀、真实利率、农户存粮行为与真实粮价之间的关系,从而正确理解我国粮食市场波动,进而合理评价我国的粮食流通体制改革。该研究通过一个修正的无穷期现金先行模型导出了农户的资产选择方程,进而建立了一个由农户人均粮食库存方程、农户人均粮食产量方程、粮食需求方程和一个包含了粮食价格决定机制的粮食市场均衡条件组成的联立方程组。利用1980—2003年的经验数据,估计联立方程组的参数。结果表明,在控制了农户人均纯收入、农户粮食产量和真实粮价对农户存粮行为影响的条件下,真实利率预期对农户的存粮水平有显著的反向影响。另外,回归结果也表明,农户的人均粮食产量对于农户的人均存粮水平有显著的正向影响。

武翔宇(2007)的研究主要是利用我国22个省43个县596个农户的调查数据,对农户的粮食储备行为和农户的粮食安全状况进行了分析。研究结果表明,绝大多数农户都有储粮行为,储粮数量与粮食产量高度相关,大部分农户粮食消费可以自给,在过去3年的粮食储备数量基本不变,并表示在未来不会减少粮食储存。最后,在分析结果的基础上分析了农户粮食储备对国家粮食安全的影响。在分析的过程中,该研究把农户粮食产量、家庭常住人口、气候与耕作制度列为调整因素。作者推断,未来耕地减少等原因将导致粮食生产下降,农户的粮食储备也会在一定程度上随之下降。

黄利会、王雅鹏(2009)利用湖北700个农户的调查数据,采用Tobit模型对影响农户粮食储备行为的因素进行实证分析。在研究的过程中，将地理环境、距县城距离、粮食商品化率等作为调整因素。研究发现：地势类型对农户储粮行为具有显著影响。平原农户人均储粮量低于丘陵农户，但与山区农户无差异；距最近县城距离对农户储粮行为影响很大，距离远的农户人均储量粮更多；家庭年龄结构与经济条件对农户储粮行为无显著影响；农户粮食产出规模与农户储粮行为呈正相关，而粮食商品化率则与其呈负相关。根据研究结果，作者推断，满足自身需要是当前农户储粮的最主要动机。

孙顶强、武拉平、Colin Carter(2014)的研究分析了农户对不同粮食品种(玉米和小麦)的储存行为及其主要影响因素的差异，发现农户存粮量主要受粮食产量、名义利率、通货膨胀率、粮食价格、非粮收入及自然灾害等因素的影响。农户不同粮食品种储存行为的影响因素存在一定的差异。从影响程度看，相比于粮食整体，农户小麦和玉米的年底储存量受通货膨胀率、名义利率、价格及自然灾害等因素的影响；家庭人口数量是农户小麦储存量的重要影响因素，而牲畜饲养数量是农户玉米储存量的重要影响因素。

综合上述文献，可以认为：

(1)对农户储粮最显著的影响因素来自农户的粮食安全(消费安全)动机。产量越高、储粮越多，这说明农户储粮对农产品供给具有缓冲作用，能够吸收增量中的部分粮食作为自身储备。粮食的复种对粮食储备也有较显著影响，但考虑到粮食的复种意味着更高的产量，事实上粮食复种可以归于粮食产量这个影响因素。此外，地理因素、牲畜的养殖也是显著的影响因素。

(2)交易成本、农户财产状况则是来自交易成本动机的影响因素。在简单表示交易成本的因素如距县城距离上来看，相关度较高且容易理解。而对于较为复杂和难以度量的影响因素——市场成熟程度，不同的研究中存在一定的分歧。

(3)农户的投机行为则暂未在研究中受到关注，考虑到农户尚处于半自给自足状态、户均产量小，以及中国粮食多级收购的复杂结构，投机行为可能更多地发生在粮食销售链的中间环节，调查难度较大。

3.2.2 影响农民售粮与存粮行为的主要因素

影响农民售粮与存粮的主要因素有内部因素(农户微观特征)和外部因素(社会宏观环境)两大类，不同类型农户的行为方式正是内部因素和外部因素共同作用的结果。内部因素提供了决策行为的可能，同时也构成了决策行为的制约因素；外部因素对农户粮食储备决策行为有着刺激或制约作用，并且有可能在一定条件下改变内部制约因素，在内部因素既定的情况下直接调整农户粮食储备决策行为的方向。

1. 内部因素

农户从事生产经营活动，必须具备一定的对象和手段，这些条件构成了影响农户粮食储备决策行为的内部因素，它们提供农户进行有关经济活动的可能性，并在很大程度上决定了农户决策行为的方向，决定着农户类型的形成和一个农户从一种类型向另一种类型的转变。

(1)耕地规模　耕地是农业生长中最重要的要素，对于以粮食生产为主的农户来说，也是最重要的生产对象。因此，耕地数量的多少和质量的高低，在很大程度上制约着农户的粮食储备决策行为。

(2)家庭特征　作为农业生产主体，农户家庭在更大程度上制约着农户的经济行为，进而制约着粮食储备行为。其影响主要是指劳动力数量，在一定条件下，劳动力、土地和资金等生产要素之间存在着相互替代的关系，如果农户的劳动力比较充裕，则有可能采用劳动密集型技术体系来达到预期目标；反之，则可采用资金密集型技术，用资本(机械技术)来弥补劳动力不足。农户教育水平反映了农户的整体素质情况，教育水平高的农户对外界信息的反应、分析能力和接受新事物的能力就越强，社会环境的变化也就越能对农户的粮食储备行为产生影响。农户的年龄结构对于粮食安全的意识强烈程度不同，往往家中有老年人的农户粮食储备得较多，通常农户的年龄结构偏高，粮食储备的倾向性就越大。

(3)农户收入　不同收入水平对农户粮食储备行为的影响也不一致，低收入水平的农户可能会随着收入的提高而增加粮食的储备，因为他们减轻了亟须为变现而出售粮食的压力；另外，对于高收入水平的农户，收入水平的提高，更加增强他们从市场获取粮食的信心，而对于粮食自给的需求降低，粮食的消费更加依赖于市场，因此随收入的提高反而会减少粮食储备。

(4)交通便利程度　主要包括：①距离市场的距离；②去市场可选用的交通工具。交通条件越便利，粮食流通领域越完善，农户销售和购买粮食的交通成本越低，储备粮食的积极性和规模都较低。

(5)家庭消费结构　主要包括：①每年人均粮食消费量；②粮食消费量在食物消费总量中的占比。粮食消费量越多，在食用总消费量中占比越大，为了应对粮食生产风险和价格变动，农户储备粮食的积极性和规模都较高。

2. 外部因素

农户储粮的基本动机是出于粮食安全的考虑(柯炳生，1996)，主要包括粮食政策特点、市场风险、不稳定的气候条件等。随着市场经济的发展，社会、经济、政治大环境发生了巨大的变化，农户的粮食储备行为也受到了影响。

(1)政府政策、制度　按照新制度经济学的观点，经济制度是约束人们经济行为的系列规则。土地产权制度、农业生产组织和收益分配机制、农户与政府关系以及农村社会千百年来所积淀的历史文化传统，都是对农民行为特点最具影响力的制度因素。一种有效的产权制度意味着人们经济行为的合理化：人们对资源和相互行为具有稳定预期，资源得到有效配置和合理使用，与资源使用有关的交易成本，包括谈判、建立和执行契约、解决冲突的成本得以降低，有效地克服经济活动中的外部性影响。

国家的各种政策对人们经济生活、经济行为的影响也是长期的、深远的。农民是社会经济活动中的弱势群体，他们需要国家的扶植、指导，国家政策的任何调整、变化，都会影响到农民的既得利益，同时也会影响农民的经济行为。根据社会经济环境的变化，适时地调整自己的经济行为，是农民必然的、正确的选择。

(2)粮食市场体系　随着粮食市场化进程的推进和粮食购销体制的改革，粮食市场体系日臻完善，市场中粮食供应充足且价格较低，农户可在市场中自由地出售或购买粮食，这样增强了农民从市场获得粮食的信心，从而使农户粮食储备减少。

(3)工业化、城镇化　随着工业化和城镇化进程的快速推进，部分地区大量的耕地被占用，耕地面积逐年减少，致使粮食稳产压力增大。另外，城镇化进程的推进提供了更多的非农劳动力机会，也使部分农户由农村转移到城市。以上两种因素使得农户的粮食储备量减少。

3.3　农户存粮行为模型构建

3.3.1　问卷内容及指标选择

农户家庭储粮受到很多因素的影响，农户家庭粮食储备在整个粮食储备体系中最重要的一环也是最复杂的一环，为此，通过在辽宁开展农户调查问卷的方式，了解农户一手信息。问卷主要包括四个方面：①农户家庭基础信息，如人口数、收入情况、种粮情况、储粮情况；②储粮设备建设情况，如是否有储粮设备、设备建设时间、成本、每年维护费用、是否有烘干塔等配套设施；③市场情况，如近 5 年来当地粮食市场平均价格、农户收益、农户销售时间、售价及收益；④政策补贴、市场收益等对农户存粮的影响程度排序。

综合国内外学者的研究结合问卷调查，研究设立了农户家庭基本特征、家庭玉米生产特征、家庭玉米出售特征、家庭玉米储备特征、家庭玉米消费特征以及农户对玉米储备的认识6项指标。

指标1：农户家庭基本特征：农户作为玉米生产、消费、储备的主体，其个体和家庭的特征对其决策起到重要作用。一般来说，年龄较大的农户对储粮的倾向性更强，由于其经历过物资匮乏的时代，因此很容易形成保守的粮食储备决策；不同受教育程度的农户对信息和新事物的接受程度存在差距，这就对农户的储粮决策起到相应的影响；另外，家庭常住人口、家庭中15岁以下小孩和60岁以上老人的人数均对家庭的储粮行为产生影响，由于人口对应劳动力以及消费能力，小孩和老人无法提供劳动力，但是要消费粮食。此外，家庭收入决定农户的消费能力，其中农业收入占比和农业补贴直接受到农户种植情况的影响。因此，这些因素对家庭存粮决策起到影响。

指标2：家庭玉米生产特征：播种面积、产量、耕地类型、发生严重自然灾害次数。

指标3：家庭玉米出售特征：出售价格、出售数量、出售时间、出售难易程度、出售原因、出售方式、出售对象。

指标4：家庭玉米存储特征：玉米储备后的质量、存储损失率、储具条件、存储数量可供家庭消费多长时间、存储时间、存储数量、存粮目的、存储过程中损失原因。

指标5：家庭玉米消费特征。

指标6：农户对玉米储备的认识。

3.3.2 模型构建

由于玉米种植户既是玉米的生产者又是玉米的消费者，根据这一特性，我们利用 Huffman 的农户模型构建农户存量模型。对于农户储粮决策，我们假设玉米只能够存储一个周期，农户对玉米存储的激励来自对未来玉米价格的预期，但是存储玉米会产生一定的存储成本。我们将储粮模型分为两步来进行，第一步是在生产周期，农户通过生产玉米得到收入，一部分拿来消费，另一部分存储；第二步是在生产周期后，农户本轮的消费资金来自销售存储玉米，并且在这一周期中无论玉米价格是多少，农户都会卖掉存储的玉米，否则会导致玉米过期无法销售。按照玉米生产周期的价格对模型进行了化简，模型构建如下：

$$\mathrm{Max}E_t\left(\frac{C_t^{1-\theta}}{1-\theta}+\beta\frac{C_{t+1}^{1-\theta}}{1-\theta}\right)$$

$$\mathrm{s.t.}\ C_t+S_t\leqslant Q-W_tL_t-R_tK_t$$

$$Q_t = F(L_t, K_t)$$

$$C_{t+1} \leqslant B_{t+1} S_t (1-D) - A(S_t)$$

式中，C_t 为生产周期内进行消费的数量，C_{t+1} 为生产周期后消费的数量，Q 为产量，L_t 为劳动力投入数量，K_t 为资本投入数量，S_t 为储粮数量，A 为储粮所需成本，B_{t+1} 相对于上一期玉米价格变化带来的收益，W_t 为劳动力价格与玉米价格的比例，R_t 为资本价格与玉米价格的比例，D 为由仓储造成的损失。

对方程进行求解，首先对模型进行化简得到：

$$\mathrm{Max}E_t\left[\frac{[F(L_t,K_t)-W_tL_t-R_tK_t-S_t]^{1-\theta}}{1-\theta}+\beta\frac{[R_{t+1}S_t(1-D)-A(S_t)]^{1-\theta}}{1-\theta}\right]$$

3.3.3 统计描述和结论

1. 农户家庭基本情况

在对家庭基本概况的调研中，主要涉及受访农户的教育程度、家庭常住人口、15 岁以下小孩人数、60 岁以上老人人数。

从表 3-1 中可以看出，受访农户的受教育程度大部分集中在初中文凭（占 61.9%），其次是高中文凭（占 15.48%），小学以下文凭的占 13.69%，大中专文凭的农户占比为 8.93%。从家庭常住人口数量来看，占比最高的为 3～4 人（占 72.02%），其次是 5 口之家（占 17.26%），2 人以下的家庭占 8.93%。从家庭中 15 岁以下小孩的个数来看，大部分农户中只有 1 个小孩（占 81.25%）。从家庭中 80 岁以上老人的个数来看数量集中在 1～2 人，其中 1 人的家庭占比为 59.79%，2 人的家庭占比为 20.62%。从家庭的统计数据可以看出，农户的教育水平普遍不高，家庭青壮年劳动力占比少，普遍家庭需要抚养 1 个孩子以及 1～2 位老人。

表 3-1　农户家庭受教育程度

受教育程度		家庭常住人口		15 岁以下小孩		80 岁以上老人	
小学以下	13.69%	2 人以下	8.93%	1 人	81.25%	1 人	59.79%
初中	61.9%	3～4 人	72.02%	2 人	1.56%	2 人	20.62%
高中	15.48%	5 人	17.26%	3 人	0.78%	3 人	0
大中专	8.93%	5 人以上	1.79%	3 人以上	0.78%	3 人以上	1.03%

从家庭收入来看，均值为 71 496.93 元，最小值为 1 万元，最大值为 200 万元。从农户的收入结构来看，农业收入在整个家庭收入中占较大比例。其中，农业占比主要集中在 50%以上（占 64.88%），其次为 30%～40%的农户，占比为 12.50%。在农业收入中每亩补贴力度均值为 85.26 元，最小值为 33.33 元/亩，最大值为

326.67 元/亩(表 3-2 和表 3-3)。

表 3-2 农户家庭收入情况 元

项目	均值	方差	最小值	最大值
家庭收入	71 496.93	182 564.6	10 000	2 000 000
每亩补贴	85.26	37.07	33.33	326.67

表 3-3 农业收入在整个家庭收入中占比

农业占比	频率	占比/%	累计占比/%
20%以下	7	4.17	4.17
20%～30%	19	11.31	15.48
30%～40%	21	12.50	27.98
40%～50%	12	7.14	35.12
50%以上	109	64.88	100.00

2. 家庭玉米生产情况

在对家庭玉米生产情况的调查中,主要涉及农户家庭的耕地类型、发生严重自然灾害的次数、玉米播种面积、玉米总产量 4 个方面。

从玉米的生产情况来看,播种面积的均值为 66.55 亩,最小为 1 亩,最大为 1 400 亩。产量的均值为 61 122.72 千克,最小值为 200 千克,最大值为 200 万千克(表 3-4)。

表 3-4 玉米播种面积和产量

项目	均值	方差	最小值	最大值
播种面积/亩	66.55	168.19	1	1 400
产量/千克	61 122.72	214 671.60	200	2 000 000

从耕地类型来看,大部分的玉米种植户处在平原地区(占 67.26%),其次为丘陵地区(占 19.64%),最少的玉米种植户处在山区(占 13.1%)(表 3-5)。

表 3-5 农户家庭的耕地类型

耕地类型	频率	占比	累计占比
平原	113	67.26	67.26
丘陵	33	19.64	86.90
山区	22	13.10	100.0

从发生严重自然灾害的次数来看，遭受1次严重自然灾害的农户最多(占54.55%)，遭受2次自然灾害的农户占25.45%，遭受3次以上自然灾害的农户占11.82%，遭受3次自然灾害的农户最少(占6.36%)。从整体生产情况来看，玉米的种植面积分布不均，以大面积农场为主，主要集中在平原地区，都经历过1次严重自然灾害(表3-6)。

表3-6　发生严重灾害的次数

发生严重灾害次数	频率	占比/%	累计占比/%
1次	60	54.55	56.36
2次	28	25.45	81.82
3次	7	6.36	88.18
3次以上	13	11.82	100.00

3. 家庭玉米出售情况

在家庭玉米出售情况的调查中，主要涉及玉米的出售价格、出售数量、出售时间、出售难易程度、未出售原因、出售原因、出售方式、出售对象8个方面。从不同角度来反映农户在出售玉米时的客观和主观因素，能够分析出农户做决策时需要考虑的因素，反映玉米销售市场的特点。

从表3-7可以看出，玉米的出售价格均值为1.11元，最小值为0.8元，最大值为1.4元。玉米的出售数量均值为85 964.7千克，最小值为400千克，最大值为200万千克。

表3-7　玉米的出售价格和数量

	均值	方差	最小值	最大值
出售价格/元	1.11	0.11	0.8	1.4
出售数量/千克	85 964.7	225 952.7	400	2 000 000

从表3-8可以看出，玉米的出售时间主要集中在3～6个月(占57.76%)，其次是收获后立即出售(占35.4%)，很少一部分在6个月之后出售(占6.83%)。从

表3-8　玉米的出售时间、难易程度、未出售原因

玉米出售时间		出售难易程度		未出售原因	
收获后立即出售	35.40%	很容易	65.64%	家庭消费	14.79%
3～6个月出售	57.76%	较容易	25.15%	收购价低	72.19%
6个月后出售	6.83%	一般	9.2%	其他	13.02%

出售的难易程度来看，大部分农户认为玉米出售很容易（占 65.64%），较容易的占 25.15%，认为一般的农户占比为 9.2%。未出售的主要原因为收购价格太低（占 72.19%），其次是自己家庭消费（占 14.79%）。

从表 3-9 可以看出，农户出售玉米的原因主要集中在家庭收入的主要来源（占 24.5%），客观的储存空间不足（占 22.2%），市场价格高，能够获得不错的收益（23.7%）。其他原因还包括购买方便，不需要储存（占 16.3%）以及玉米产量高，短时间吃不完（占 13.3%）。可以看出玉米价格和客观的存储能力对农户决策来说非常重要。出售方式主要是上门收购（占 45.4%），其次是从田间地头直接收购（占 26.1%）以及将粮食运到加工企业（占 14.9%），少部分农户是自己运到粮库进行销售（占 6.0%）。出售方式主要是通过中间商来进行，农户和购买粮食的企业和粮库直接对接的情况很少。从出售对象来看，主要是出售给贩卖粮食的个体（占 61.2%）。

表 3-9 出售原因、方式、对象

出售原因		出售方式		出售对象	
玉米产量高，短时间内吃不完	13.3%	田间地头	26.1%	个体	61.2%
家里储存空间不够	22.2%	上门收购	45.4%	合作社	9.9%
市场价格高，能获得不错收益	23.7%	运粮食到加工企业	14.9%	国有粮库	12.5%
家庭收入主要来源	24.5%	运到粮库	6.0%	加工企业	16.0%
购买很方便，不需要储存	16.3%	其他	7.6%	订单农业	0.4%

4. 家庭玉米储备情况

在家庭玉米储备情况中，调查主要涉及玉米储存后的质量、储存损失率、储具条件、储存数量可供家庭消费多长时间、储存时间、存储量、存粮的原因、损失原因 8 个方面的特征，从主观存储行为以及客观存储条件分别对家庭玉米存储的情况进行调查。

从表 3-10 可以看出，储存过后的玉米质量没有很大的下降，其中质量较好的玉米占比最多（52.53%）、其次是质量一般的玉米占比为 32.91%。从损失率来看，数量的损失主要集中在 5%～15%，其中 5%～10%的占比最大（占 58.55%），其次是损失 10%～15%的农户（占 38.16%）。从储具条件来看分化严重，没有粮仓的农户最多（占 35.03%），其次是粮仓较好的农户，占比为 25.48%。

表 3-10　玉米储存后的质量,损失率和储具条件

玉米储存后的质量		储存损失率		储具条件	
很差	0.63%	5%以下	0.66%	没粮仓	35.03%
较差	3.80%	5%～10%	58.55%	粮仓较差	16.56%
一般	32.91%	10%～15%	38.16%	粮仓一般	19.11%
较好	52.53%	15%～20%	1.97%	粮仓较好	25.48%
很好	10.13%	20%以上	0.66%	粮仓很好	3.18%

从储粮的结果来看,通过储粮能够提供给家庭消费的时间主要集中在半年之内(占 72.97%),在这个期限内以存储 3～6 个月为主要存储时间(占 55.19%),其次是 3 个月以内(占 38.31%)。可以看出农户的储粮行为主要集中在半年之内,并且以 3～6 个月的储存时间为主,说明不希望使用储存时间长的玉米(表 3-11)。

表 3-11　储存数量可供家庭消费时长、储存时间

储存数量可供家庭消费时长		储存时间	
半年以内	72.97%	3 个月以内	38.31%
半年至一年	18.92%	3～6 个月	55.19%
一年以上	8.11%	6 个月以上	6.49%

从农户选择来看,将生产玉米总量的 10%以下进行储存的农户最多(占 44.16%),其次是总量的 30%～40%进行储存的农户占 23.38%。存粮的目的主要在于用作饲料(占 31.0%)和收购价格低(占 30.4%)。从存粮过程中造成损失的原因来看,占比最大的为霉变(占 32.2%),其次为鼠咬(占 23.8%)。可以看出农户的储粮行为主要原因在于玉米价格低以及用作饲料,存储数量较少。多种原因会造成存储后的数量减少(表 3-12)。

表 3-12　储粮的数量、目的和造成损失原因

储存数量		储粮目的		储存过程中的损失原因	
10%以下	44.16%	满足家庭玉米消费	12.0%	霉变	32.2%
10%～20%	7.14%	饲料	31.0%	虫蛀	18.4%
20%～30%	10.39%	收购价格低	30.4%	鼠咬	23.8%
30%～40%	23.38%	作为一种储蓄	14.0%	撒漏	14.5%
40%以上	14.94%	减少玉米中的水分	12.6%	其他	11.1%

5. 家庭玉米消费情况

在农户家庭消费玉米情况的调研中，主要调查是否购买玉米用作家庭消费、农户对玉米消费的品质要求、购买的难易程度三个方面内容。主要分析市场化下玉米种植户在玉米上的消费情况。

调查可知，大部分的农户都不在市场上购买玉米用作家庭消费。其中没买过的农户占比为84.94%。

从表3-13可以看到农户对家庭消费玉米的品质要求很高，其中品质要求很高的农户占33.53%，要求较高的占49.7%，要求一般的占14.97%，而要求较低和很低的分别占1.2%和0.6%。从农户购买玉米的难易程度来看，很容易购买的农户占比56.89%，较容易的农户占比40.12%，难易程度一般的农户占比为2.99%。

表3-13 农户对玉米消费的品质要求和购买的难易程度

对消费玉米的品质要求		购买的难易程度	
很低	0.6	很容易	56.89
较低	1.2	较容易	40.12
一般	14.97	一般	2.99
较高	49.7	较难	0
很高	33.53	很难	0

可以看出，玉米种植户主要还是消费自己种植的玉米，很少购买来自市场上的玉米。尽管通过市场能够很容易地购买玉米，但农户对于自己家庭消费玉米的品质要求很高，消费自己家庭种植的玉米还是他们的首要选择。

6. 农户对玉米储备的认识

在农户对玉米储备的认识调研中，主要调查政府对粮食生产补贴力度、对储具补贴力度、储粮积极性、粮食危机的可能性、期望粮食的补贴方式和政府加大补贴是否会影响储粮意愿6个方面展开调研。主要分析政府与农户储粮之间的关系。

从表3-14可以看出，在农户的认识中，政府对粮食生产的补贴力度的满意度较高，其中认为一般的占37.5%，认为补贴较大的占29.17%，认为很小的只有22.02%，认为较小的只有11.31%。在政府对储具补贴力度上看，农户满意度不高，其中认为补贴力度很小的占46.43%，认为较小的农户占14.29%，认为补贴一般的占36.9%，认为补贴力度较大的只有2.38%。从储粮的积极性来看，农户的储粮积极性较高，认为积极性一般的农户占比最高(占32.74%)，积极性较高的农户占29.1%。积极性较低的农户占13.1%，积极性很低的占25%。农户对未来发生粮食危机可能性的判断比较平均，认为发生可能性很小的占 35.71%，较小的农户占比为 18.45%，认为可能性一般的有 22.62%，认为较大可能性的占 23.22%。农户对粮食补贴方式的倾向是加大对农具的补贴（占比 56.55%），对存粮数量进行补贴的占 25%，对存粮时间补贴的占 18.45%。对农户存粮意愿是否会随着政府加大补贴而增加，多数农户表示会（占 73.21%）。

表 3-14　农户对玉米储备的认识

政府对粮食生产的补贴力度	很小 22.02%	较小 11.31%	一般 37.5%	较大 29.17%
政府对粮食储具的补贴力度	很小 46.43%	较小 14.29%	一般 36.9%	较大 2.38%
储粮积极性	很低 25%	较低 13.1%	一般 32.74%	较高 29.16%
粮食危机的可能性	很小 35.71%	较小 18.45%	一般 22.62%	较大 22.62%
期望粮食补贴方式	补贴存粮装具 56.55%	补贴存粮时间 18.45%	补贴存粮数量 25%	
加大补贴对储粮意愿的影响	会 73.21%	不会 26.79%		

第4章　国家玉米临时收储政策执行成效

4.1　玉米临时收储政策综合评价

玉米临时收储政策的出台是基于我国对于粮食安全的重视，以及2003年之后国家对于农业补贴，尤其是在粮食种植补贴力度不断加大和国际粮食危机爆发的大背景之下。2003年之后，农业税取消、种粮直补、农机补贴等政策陆续出台，农户种粮的积极性不断提高，粮食产量连年丰收，并且在当时国家对于粮食安全战略的核心仍然聚焦于数量之上，对于粮食生产质量和粮食生产品种并未做过多要求，因此在全国各地区玉米这一单产数量较高的粮食作物种植面积不断扩大，增长速度远远超过小麦和水稻这两大口粮。在这些的综合推动下，玉米产量在2008年达到了当时最高值1.66亿吨。除此之外，在当时的国际背景下，2006—2008年国际金融危机爆发，阿根廷、澳大利亚、美国等地出现干旱等极端天气，粮食预期产量减少，再加上国际炒家介入，导致国际粮食价格飞涨，形成全球性的粮食安全危机，十几亿人面临粮食供应困难。中国在当时全球粮食危机的背景下，虽然粮食价格也略有上涨，但是相对于国际粮食上涨幅度来说，整体粮食价格还是保持了平稳运行，并且与国际上发生的粮食供应危机相比，我国粮食市场并未出现供不应求局面，这一切除了粮食生产端的不断进步之外，与国家粮食储备体系也有很大关系。总体来看，2008年农户对于玉米的种植积极性仍然较高，玉米的生产面积以及生产数量也在不断上涨，国际上粮食危机的出现让我国对粮食储备的重视程度也不敢有丝毫松懈，国家又陆续出台了多项粮食生产支持政策，形成了我国自身的粮食支持政策体系，玉米临时收储政策便是其中重要的组成部分。

从历史回顾的视角来看，玉米临时收储政策的出台，对于当时的玉米产业发展起到了很多积极的作用,包括保障国家粮食安全、提高政府对于玉米市场的调控能力、提高种粮农民收入、解决种粮农民"卖粮难"等,但是政策长期发展之后,随着时代的变化,玉米产业发展进入不同阶段,玉米临时收储政策暴露出诸多弊端,固定定价导致的市场机制发挥不畅,高昂的收储成本导致政府财政压力等问题都是其中的典型代表。玉米临时收储政策利弊参半的情况,更需要我们辩证地去看待这一历史政策,总结梳理其中关键的经验教训,这对于日后我国玉米产业乃至整个农业产业的政策构建和执行都有很强的借鉴意义。

4.2 玉米临时收储政策的积极影响

玉米临时收储政策有以下积极影响:

(1)扎实有效地保证了国家的粮食安全　玉米临时收储政策出台,最核心的政策目的就是保证农民的种粮积极性,从而保证粮食的种植面积,最终是要保证粮食的生产量,从这一点上来说,玉米临时收储政策确实起到了这个核心作用。2008年,自玉米临时收储政策实行以来,我国玉米的播种面积就一直持续增加,全国玉米播种面积2008年仅为2 986.4万公顷,到了2015年已经上涨到了4 496.8万公顷,上涨幅度约为50.6%;2008年玉米产量仅为1.66亿吨,但是在2015年上涨至2.65亿吨,上涨幅度约为59.6%,单纯从玉米的播种面积和供给数量上来看,玉米临时收储政策确实提高了农户种植玉米的积极性,扎实有效地保障了我国的粮食安全。

(2)提高了国家对于玉米市场的宏观调控能力　在2008年国际粮食危机爆发的背景之下,加上我国一直以来身为人口大国对于粮食安全战略的重视程度,政府对于三大谷物的市场调控一直都没有松懈。玉米临时收储政策不仅提高了玉米产量,也提高了国家对于玉米市场的宏观调控能力。从国家整体的调控能力上来看,由于国家收储了巨大数量的玉米进入粮库,并且在当时对于玉米的市场价格有着绝对的影响力,所以国家相当于在很大程度上掌握了玉米市场的货源和话语权,在此基础上,我国政府对于玉米市场乃至粮食市场都拥有了较高的调控能力,对于处理类似2008年国际粮食危机这样的事件也更加得心应手。

(3)在一定程度上增加了农民收入　2008年,国际粮食价格从高速飞涨转为暴跌,但是国内玉米价格维持稳定并且略有上涨,正是因为玉米临时收储政策充分发挥了政策性收储保底的作用。赵磊(2009)年的研究表明,国内玉米价格在2008年持续走高是稳定趋势,国内收购价格从1月份的1 250元/吨上涨到了5月底的

1 500元/吨，与国际粮食价格走势的差别，很清楚地说明了玉米政策价已经对市场价格具有足够的干预能力，玉米临时收储政策出台之后，“政策市”就成为了玉米市场的基调，但是需要注意到的是，玉米的收储价格是粮食收储企业或者粮库与粮食商贩达成的协议价格，而粮食商贩在农户手上的收购价格是远远低于收储价格，因此很多学者认为，玉米临时收储政策虽然确实提升了玉米价格，但是这部分利润分配到农户身上的份额大小依然有待更加细致地分析研究。虽然玉米临时收储政策对于农户收益提高的作用有限，但是实实在在地起到了托底作用，在国际粮食市场波动震荡的时候，玉米临时收储政策确实抵御了来自国外的粮食价格冲击，很好地起到了为农民兜底的作用。

(4)解决了东北地区卖粮难的问题　在玉米临时收储政策以及最低收购价等政策出台之前，部分丰年很容易出现“谷贱伤农”的情形，在粮食获得丰收之后，粮食商贩会压低价格以低价从农户手中收取粮食，然后伺机卖出以谋求利润。甚至在某些极端情况下(如出现自然灾害导致道路不畅)粮食商贩也会担心自己收上来的粮食无法卖出，或者出现连续阴雨天气，粮贩收储成本增加，很有可能导致粮食收储行为亏本的时候，粮食商贩会选择不去农村收购粮食，农民只能选择卖给粮食站等官方机构。在收储政策出台之前，国家粮食站的收储数量和收储价格都有限，无法满足大规模的粮食出售问题，无法有效解决农户丰年时期的“卖粮难”问题。但是在收储政策出台之后，国家规定了最低收购价格，商贩无法对农户进行过低压价，同时国家的收储数量也不断上升，商贩不用担心亏本问题，所以可以放心大胆地收购农户粮食，农户也可以自己选择将粮食卖给官方指定的收储机构，从销售价格和销售渠道两方面双管齐下，解决了农户的卖粮难问题。

4.3　玉米临时收储政策的消极影响

玉米临时收储政策产生以下消极影响。

(1)定价固定不变，市场机制发挥不畅　玉米临时收储政策的定价是在国家宣布是否启动这一政策的同时发布，所以玉米的政策收储价格是在当年玉米市场还未开始收购时就已经确定，并且这一价格是单一定价，国家对此还有严格的限制，任何收储企业或者粮库都没有根据市场实际供需情况来进行调节的权利，所以在当时玉米政策价格常年高于玉米实际的市场价格的情况下，整个玉米市场的定价权其实已经完全被政策所影响，市场力量很难利用供需关系对玉米收购价格产生较大影响。在定价较为死板的情况下，由于国家收储玉米的价格优势，当时玉米市场几乎形成了国家垄断收购的局面，同样有玉米收购需求的企业很难与庞大的国家财政相互竞争，形成了“国与企争”的收购格局，对于当时玉米产业链中的相关企业造成了相当大的打击。而且因为政策市的主导，我国玉米价格持续上升，但是质量并未获得明显提高，这导致玉米国内价格高于国际市场价格，但是在质量上没有相应的竞争力，只能依靠相关贸易政策来避免国际市场对国内的冲击，但是这也只能用于防守，对于未来一阶段我国农业“走出去”的战略则有一定的消极影响。

(2)利润分配不均，不利于产业整体均衡健康发展　玉米作为粮食产业中作用最多、用途最广的品种，产业链在粮食产业中也相对较长，涉及食品、医药、化工、纺织、造纸等诸多产业，由此可见玉米的影响范围之大、涉及主体之多。玉米临时收储政策出台之后，政策设计是由国家财政出资，从农户或者粮贩手中收购玉米放入国库之中，同时国库应该以顺价销售的形式来销售入库玉米，在这样的政策设计下，首先是农户的相关利益并未能得到有效保障，虽然粮库收储玉米的价格是由国家规定的统一政策价格，但是中间需要经过粮贩这一环节，很多粮贩利用自身的市场话语权对农户的利润空间进行压缩，拿走了很大一部分本应该是国家补贴给农户的资金。同时，在粮食出库时的顺价销售，会将一部分国家收储成本转移到企业身上。总体来看，在玉米产业的诸多主体内，从玉米临时收储政策中受益的主体主要为粮库、收储企业、粮贩、种粮农户，其中获益最大的是粮库和收储企业，其次是粮贩，最后是种粮农户，而加工企业并不能从玉米临时收储政策中获利，反而还要在一定程度上为国家规定的较高的政策收购价和存储成本买单，因此加工环节不但没有收益，反而需要承担比原先更高的收购成本。由此可见，玉米临时收储政策出台之后，获益最多的环节是贮藏环节，其次是流通环节，生产和加工环节获益较低甚至是负收益，这就导致在玉米临时收储政策执行期间，在玉米临时收储政策的执行区，国家玉米播种面积不断上涨，玉米产量不断提高，国家玉米库存也维持在高位，但是玉米产业的相关企业却始终没有得到较好的发展。以饲料企业为例，玉米是饲料生产的主要原料，在不考虑替代的情况下，在饲料构成中的占比常年保持在50%以上，因此，饲料企业对于玉米也常年保持了较高的需求量，因为饲料成本与玉米价格走势具有高度相关性，玉米价格又因为政策原因长期高位盘踞，最终压缩了饲料企业生产利润空间，不利于饲料企业发展，而饲料企业的发展不利，最终还会导致我国畜牧业的不稳定发展，并且下游产业发展的滞后最终还会影响到整个玉米行业，相关企业不想以高价格收购玉米，使得企业停工率居高不下，对于玉米的需求量不断降低，国家玉米库存难以消化，最终形成了农民种、国家收、没人用的局面，整个玉米产业头重脚轻，活跃性降低，对于整个产业的长期均衡发展十分不利。

(3)政策设计存在一定漏洞,造成了寻租浪费现象　上文中已经提到,粮库从玉米临时收储政策中拿到了足够多的利润份额,除此之外,粮库还得到了国家的财政补贴,补贴金额是依据粮库内玉米的实际储存数量,按照一定标准进行财政补贴支持,因此粮库的利润与实际存粮食数量直接挂钩,从追求利益的角度来讲,粮库自然而然地会追求库内的存粮数量,这就导致粮库只管收储,而不管出库,间接性地导致两个不良后果:①由于粮库选择不往外出售粮食或者少出售粮食,很多加工企业在其他途径寻求玉米无果之后,还是会去粮库买粮,虽然国家硬性规定顺价出售,政策定价是国家统一规定,但是粮食的仓储成本具体是多少,粮库还是具有一定的调整空间,所以玉米企业为了寻求更低价格的粮食,很有可能会与仓储管理人员达成一定协议,仓储管理人员通过隐瞒或者谎报仓储成本来尽可能低价对外出售粮食,而企业则会给予他一定好处,这样的寻租行为不仅破坏市场,而且也严重影响国家粮食储备体系的平稳运行,对于整个国家的粮食储备战略不利。②粮库由于追求自身仓库内存粮数量的最大化,对于出售粮食的意愿较低,非特定情况下,会选择较高价格出售,从而降低市场对于粮库玉米的需求意愿,确保仓储数量持续在较高水平,但是粮食产品存在一定的保质期限,当玉米在仓内放置时间过久之后,会转变为陈化粮,产品价值远远不如新上市的玉米,最终也只能选择低价出售。因此,玉米陈化而产生的价值损失,还是由国家财政来承担,这些都与存储企业或者粮库无关,国家的财政损失并不会影响存储企业或者粮库的行为选择,他们并不关心存粮的质量变化或者是国家的财政压力,他们更关心的是自家库内的存粮数量以及国家给予他们的补贴数量。同时由于陈化粮价值较低,很多玉米企业为了节约成本,选择购置陈化粮来进行加工,形成了优质粮入库、陈化粮入市的奇怪现象,这非常不利于我国玉米加工产业的发展,对于玉米诸多加工产品的质量以及后续的品牌打造等都带来了不利影响。

(4)造成局部地区玉米供求紧张,玉米相关产业发展受到一定冲击　从2008年开始,我国玉米的供求应该呈现总体宽松的局面,但是由于东北地区实行玉米临时收储政策,导致大量玉米收储进入国家粮库,而且因为价格和利益分配问题无法顺利出库,这使得部分地区出现了农田内玉米丰收、仓库内玉米堆满、市场上玉米紧俏的现象,市场上玉米相关的产业,如玉米加工、贸易等相关企业的业务受制于无法购买到足够多的平价玉米而大受冲击,企业不得已只能选择停工,局部地区的玉米供需失衡问题,对于我国玉米相关产业的可持续发展造成了严重的不利影响。

(5)较高的政策价格和高位的仓储数量对国家财政造成了沉重的压力　因为玉米临时收储政策的政策定价较高且固定,所以国家在收储环节就需要为玉米的收购付出大量的财政资金。虽然玉米临时收储政策规定了收储数量,但是收储数量逐年提升，平均来看，每年国家启动三轮玉米临时收储，收储总量约为 4 000 万吨，如此巨大的收储数量，对于国家而言，以 1 500 元/吨的收储价格来计算，每年需要耗费的资金都在 600 亿元以上。除了高昂的收购成本之外，由于玉米库存多进少出的格局，我国玉米库存量连年攀升，在 2016 年最高峰时，玉米库存量一度达到了 2.8 亿吨，根据测算，每吨玉米的仓储成本大约为每年 230 元。换言之，2016 年最高峰时，单就玉米库存保管成本这一项，国家就需要支付财政资金达到 644 亿元，仓储成本甚至超过了每年玉米的收购成本，如果玉米临时收储政策持续下去的话，玉米的种植面积不断扩大，产量不断提高，玉米库存维持在较高水平，可以预见的是，国家财政资金总有一天会不堪重负，并且在玉米临时收储政策的设计框架下，顺价出售的本意就是为了收回部分国家财政资金，缓解国家财政压力，但是由于企业拒绝高成本生产，顺价出售并不顺利，这使得国家投入的财政资金没有一个有效渠道进行回收，甚至在一些极端情况下，为了加快玉米出库速度，同时也为降低企业生产成本，政府还对下游产业的相关企业实行了补贴政策，上下游之间的双向补贴，虽然在一定程度上让各方主体利益都得到补偿，政府财政却承受着巨大的压力。换言之，玉米临时收储政策在当时的实际实施过程中，国家的财政资金投入是单向投入，不具备盈利甚至回本能力，只能依靠国家强大的财政资金支撑，这种投入方式必然是不可持续的。

(6)农户过度追求粮食产量，而忽视粮食质量，不利于品种改善　国家实施玉米临时收储政策的目标是多元化的，核心是保障粮食安全，同时还需要兼顾降低财政压力、减少市场扭曲等多方面的考量，但是农民种粮的目的是非常单纯的，农民种粮就是为了获得更高的收益，换言之，只要种这个品种赚的钱多，农民就会选择种植这个品种。玉米临时收储政策出台之后，玉米价格持续上涨，再加上玉米本身就具备较高的产量，同时还较为省工省力，因此种植玉米的比较收益在粮食作物中就排名前列，这很符合农民的种粮意图，所以很多农户都选择改种玉米来提高自身的种粮收入水平，政策实施期间玉米种植面积的快速上涨就是明证，这也就导致了其余品种种植面积下降，不利于其余种植业的健康发展。对于整个种植业乃至农业产业来说，玉米产业的一家独大，其实对于种植结构的优化调节非常不利。在东北地区，玉米临时收储政策执行期间，虽然大豆也同样能够享受到临时补贴政策，但是因为收益空间没有玉米那么明显，两者相争之下，大豆的播种面积降低了三成左右。除此之外，玉米还存在品种内部的竞争问题。随着我国人均收入水平的提高，营养膳食观念的不断改善，我国居民对于肉蛋奶的需求量不断上涨，玉米作为主要的饲料粮，对于饲料玉米的需求也就水涨船高。但是对于农民来讲，国家整体需求结构的改变并非是他们关心的问题，农民依然关心的是种粮收益。所以，在玉米临时收储政策规定了政策收购价格的前提之下，种植玉米的农户也会很直接地选择高产品种，这样在价格一定的情况下就可以为自身谋求更大收益，这就导致农民对市场上需求量持续增加的饲料玉米并不感兴趣，但是农民种植出来的高产玉米在市场上的需求量持续萎缩，整个玉米产业的供给环节与需求环节出现了错配现象。

第5章　玉米临时收储政策对玉米价格的实证分析

玉米临时收储政策的执行是通过国家规定一个高于市场价格的玉米临时收储的政策价格，以此来激发农户种植玉米的积极性，从而达到保障玉米产量和国家粮食安全的目的，从这一基本目标看，玉米临时收储政策的作用之一必然是抬高了玉米的市场价格，这一点在学术界已达成了基本共识。但是玉米临时收储政策究竟将玉米价格抬高到何种程度，对于玉米市场的影响又究竟到了何种程度，政策执行区与非政策执行区之间是否存在差别，政策执行区内部或者非政策执行区内部又有何种不同，这些更加细致的问题却少有学者做深入探讨。本章内容就通过对比政策执行区与非政策执行区之间的价格差别，政策执行区内部与非政策执行区内部的价格差别以及政策执行前后政策执行区与非政策执行区的价格变化来全方位地描述玉米临时收储政策对于不同时间、不同地区的玉米价格水平以及玉米价格波动情况的影响程度。

为了研究玉米临时收储政策对于玉米价格的影响水平，本书选取了2008—2021年玉米日度数据来进行具体分析，并对日度数据进行处理，使其变为年度数据和月度数据。另外，为了更好地将玉米临时收储政策的政策效果剥离出来，尽可能减少玉米自身产业周期对于价格的影响作用，在进行月度数据分析时，本文选取2008—2021年黑龙江、吉林、辽宁、山东、河南五省的玉米价格数据，其中黑龙江、吉林、辽宁这东北三省为政策执行区，山东和河南为非政策执行区，从年份上来看，2008—2015年为政策执行年份，2016年玉米临时收储政策取消，2017—2021年为政策取消后的年份。

5.1　玉米临时收储政策对玉米价格水平的影响

从整体上来看，自从 2008 年玉米临时收储政策执行以来，我国玉米价格在不同省份，无论是政策执行区还是非政策执行区，都呈现明显的增加趋势，并且大部分省份基本都在 2014 年到达价格高点，然后 2015 年稍有回落，在 2016 年玉米临时收储政策取消的年份，玉米价格开始出现暴跌，并且在 2017 年降低到近年历史低点。从图 5-1 中可以看出，部分省份在 2017 年的玉米价格水平居然还要低于 2008 年的价格水平，如果再考虑到通货膨胀等因素，可以说玉米临时收储政策取消之后的两年时间内，玉米的价格水平经历了一个相当大幅度的滑坡。在 2017 年之后，玉米的价格水平出现回升，并且增长趋势还要快过玉米临时收储政策执行时间，主要是因为市场供需形势的变化，玉米临时收储政策执行取消之后，玉米价格暴跌，农户种植玉米收益也大幅度下滑，全国玉米种植面积出现大幅度萎缩，国家库存也在急速消耗，整个市场上的玉米供应量大大减少，但是随着工业需求、饲料需求等玉米主要需求的不断持续增加，在市场主导下，玉米的价格便开始急速上涨（图 5-1）。

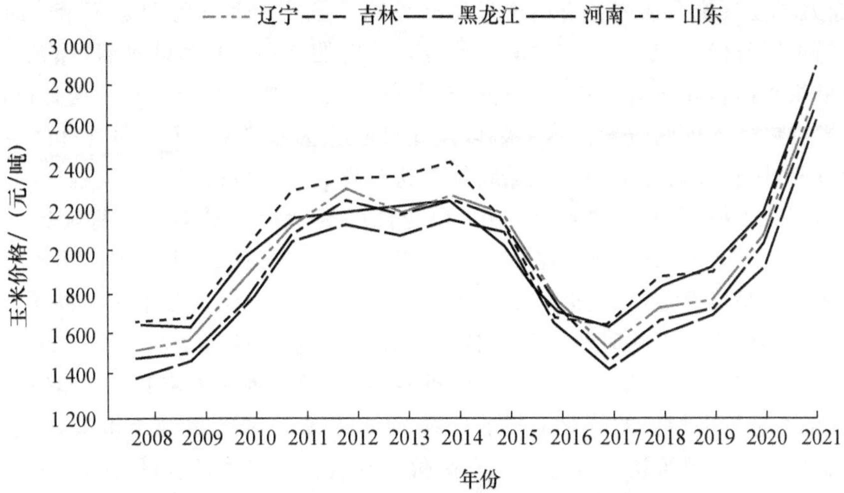

图 5-1　2008—2021 年五省玉米价格变化情况

通过对 2008—2021 年玉米年度价格变化趋势进行分析之后，可以得出两个结论。①玉米临时收储政策确实提高了国内玉米价格，这一结论主要体现在政策执行期间，在政策取消之后，原先政策对于价格的带动作用消失，玉米价格经历了大幅度滑坡，也可以从侧面论证这一结论。②玉米临时收储政策虽然在执行时分为政策执行区与非政策执行区，但是从实际的影响效果上来看，政策效果是覆盖了全国范围，政策执行区与非政策执行区的价格走势无论是在政策执行期间还是在政策不执行期间都基本保持一致，这主要是因为我国省际并不存在明显的商贸壁垒，玉米作为一个大宗商品可以进行自由流通，虽然政策执行区是在东北三省及内蒙古地区，但是在进行玉米收储时，只要是运送到政策执行区的玉米，都会按照政策价格收购，收购机构并不会对玉米的来源地进行仔细鉴别。另外，正如在本书之前内容中所提到的那样，政策执行区玉米的大量入库，也导致了市面上玉米供应量的缺少，这一点无论是政策执行区还是非政策执行区都是如此，从而也导致了在政策执行区和非政策执行区的玉米市场价格统一上涨。接下来本书将在政策执行区内部、非政策执行区内部进行对比分析，最后还将对比政策执行区与非政策执行区的区别。

5.1.1 政策执行区内部比较情况

从政策执行区内部对比来看，不可否认的是，玉米临时收储政策的执行不同程度上提高了这些省份的玉米价格水平，同时需要注意的是，玉米临时收储政策的执行，加大了政策执行区内各省的玉米价格差别。虽然东北三省都是玉米临时收储政策的执行省份，但是这三省之间依然存在一定的差别。从整体来看，黑龙江的玉米价格相对而言在三省之中一直都处于低位，而辽宁的玉米价格则占据高位，吉林的玉米价格处于中间位置。本书将以黑龙江省作为基准点，辽宁和吉林两省作为比较对象，比较分析玉米临时收储政策对这三省的玉米价格造成不同程度的影响。在 2008—2015 年的政策执行年份中，黑龙江的玉米价格平均每年每吨比吉林低 71.4 元，比辽宁低 119.2 元；在 2016—2021 年的非政策执行年份中，黑龙江的玉米价格平均每年每吨比吉林低 68.3 元，比辽宁低 112.6 元。黑龙江与吉林玉米价差最大的年份为玉米临时收储政策依然还在执行的 2012 年，达到每吨 117.0 元，同年，黑龙江与辽宁的玉米价差也达到近些年最大值，达到每吨 164.6 元(表 5-1)。因此，无论是从平均值的变化水平上来看，还是从最大值产生的年份来看，玉米临时收储政策对于政策执行区各省玉米的价格差有扩大作用，究其原因，可能在于市场机制的失衡。在玉米临时收储政策执行期间，政策市的效果几乎完全覆盖了市场机制的调节作用，玉米价格的变动更多是因为政策这一人为因素的影响。从政策环境上来看，此时的玉米价格也更容易出现较为极端的情况，同时即使极端价格出现，市场也无法对其做出有效反应，市场已经不具备通过供需关系等因素对价格进行调控的能力。

表 5-1 2008—2021 年黑龙江与辽宁、吉林两省玉米价格水平差异 元/吨

项目	2008 年	2009 年	2010 年	2011 年	2012 年	2013 年	2014 年
与辽宁价差	−130.0	−96.5	−142.0	−83.0	−164.6	−113.8	−104.2
与吉林价差	−92.7	−25.1	−46.1	−38.9	−117.0	−93.0	−87.0
项目	2015 年	2016 年	2017 年	2018 年	2019 年	2020 年	2021 年
与辽宁价差	−79.5	−123.9	−110.0	−128.2	−70.7	−141.3	−134.8
与吉林价差	−63.8	−92.7	−53.5	−75.9	−31.6	−98.9	−61.6

5.1.2 非政策执行区内部比较情况

通过对非政策执行区的山东、河南这两个省份进行比较可以发现，虽然这两个省份不是国家规定的政策执行区，但是在玉米临时收储政策执行期间，这两个省份也依然在不同程度上受到了该政策的影响。这两个省份在 2008—2014 年玉米价格的不断上涨以及 2016 年玉米价格的断崖式下滑就是明证。虽然这两省都不同程度地受到了影响，但是从影响程度上来看，山东省受影响的程度要远远大于河南省，得出此结论的原因主要有以下两点：①山东省玉米价格在玉米临时收储政策执行期间的上涨幅度要大于河南省，在 2008 年，山东省和河南省的玉米价格水平相差无几，每吨的差价在 9.2 元，几乎可以忽略，但是随着时间的推移，山东省的玉米价格在 2014 年的年均价格上涨到了每吨 2 413.5 元，而河南省在 2014 年的玉米价格平均为每吨 2 242.2 元，差价上涨到了每吨 171.3 元，价格上涨幅度的不同足以说明在政策执行之间，山东省受影响的程度更高(表 5-2)；②对比 2015 年和 2016 年的玉米价格差价，在 2016 年，玉米临时收储政策取消，全国的玉米价格都出现了明显的下跌，山东省玉米每吨下跌了 463.5 元，下跌 21.6%，下跌幅度甚至超过了东北三省，而河南省由于在政策执行期内价格上涨幅度并不算太高，所以在 2016 年每吨玉米的价格仅仅下降了 323.5 元，下跌幅度为 16.0%，为五省内下跌幅度最低的省份；玉米价格下跌的程度不同，说明山东省玉米价格的上涨比河南省更多依靠玉米临时收储政策的政策效果，所以在政策取消之后，失去了玉米临时收储政策的政策市作用，山东省的玉米价格下跌幅度更大。玉米临时收储政策对于山东省影响较大，而对河南省影响较小的原因可能在于地理位置的差异。相比较河南而言，山东省距离东北三省的距离更近，因此也更容易受到玉米临时收储政策影响，而地理位置较近也说明运输距离近，运输成本低，尤其是山东省与辽宁省隔海相望，海运运输成本会更低，所以山东与东北三省之间基本不存在地理隔阂，山

东省的玉米可以很低的成本运输到辽宁,从而卖上高价,山东省省内也会因为玉米供给数量的减少而导致价格一直居高不下,河南省虽然也可以将玉米运输至东北三省或者内蒙古,但是从地理位置和运输成本上来看,并不如山东省有优势。

表 5-2　2008—2021 年山东与河南玉米价格水平差异　　元/吨

项目	2008 年	2009 年	2010 年	2011 年	2012 年	2013 年	2014 年
价差	9.2	49.6	55.1	132.0	154.4	141.9	171.3
项目	2015 年	2016 年	2017 年	2018 年	2019 年	2020 年	2021 年
价差	124.9	−15.1	9.9	39.7	−20.8	−12.2	3.2

5.1.3　政策执行区与非政策执行区比较情况

在对政策执行区内部和非政策执行区内部进行比较之后,接下来将对政策执行区和非政策执行区进行比较。首先将政策执行区和非政策执行区的省份合并进行对比分析,可以看出,受到玉米临时收储政策的影响,政策区与非政策区的玉米价格都在提高,但是政策区受影响的程度明显更大,在 2008 年,政策区与非政策区的玉米均价存在每吨 200 元左右的差价,但是在 2015 年,政策区的玉米价格已经反超非政策区(图 5-2),这说明玉米临时收储政策虽然对全国均有影响,但是对政策执行区的影响还是更加深远。

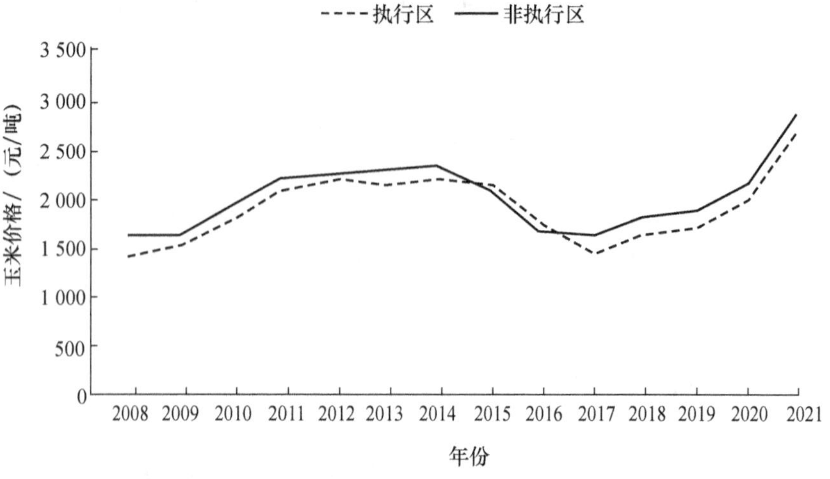

图 5-2　2008—2021 年政策执行区与非执行区玉米价格变化情况

然后我们选择政策执行区和非政策执行区的代表省份进行对比分析，其中政策执行区选择黑龙江省为代表省份，非政策执行区因为山东和河南的政策影响程度不同，因此分开进行讨论。首先讨论黑龙江和山东的区别，前面已经提到，山东虽然不是玉米临时收储政策的执行省份，但是依然受玉米临时收储政策的较大影响，对比黑龙江和山东两省受玉米临时收储政策的影响程度，可以发现，两省的受影响程度几乎一致。在2008年，玉米临时收储政策刚出台期间，山东省玉米价格为每吨1 654.2元，黑龙江每吨为1 381.0元，差价为每吨273.2元；2014年，两省的玉米价格都上涨到高位，山东省为每吨2 413.6元，黑龙江为每吨2 146.2元，差价为每吨267.4元。可以看出，虽然两省玉米临时收储政策的执行情况不同，但是玉米价格的上涨额度几乎相同，其中山东省每吨上涨了759.4元，黑龙江每吨上涨了765.2元；在2016年，玉米临时收储政策取消之后，黑龙江省的玉米每吨价格下跌了443.6元，山东省每吨下跌了463.5元，下跌幅度分别为21.2%和21.6%，下跌额度和下跌幅度几乎相同。综上所述，虽然黑龙江和山东一个处于政策执行区，另一个处于非政策执行区，但是这两省的玉米价格对于玉米临时收储政策的反应几乎一致，甚至可以说，山东省虽然属于非政策执行区，但是山东省受到玉米临时收储政策的影响程度并不亚于政策执行区。

对比黑龙江省和河南省这两省受玉米临时收储政策影响的差别，可以看出，由于河南省地理位置距离政策执行区较远，所以这两省受玉米临时收储政策的影响程度还是有较大区别。2008年，河南省玉米价格为每吨1 645.1元，高过黑龙江264.1元，但是在随后的年份里，这一差距都在缩小，2012年，两省的玉米价格差距仅为73.0元，并且在2015年，黑龙江的玉米价格反超河南，每吨高出河南省69.8元。2014年，河南省玉米价格相比较2008年每吨上涨597.2元，上涨幅度仅为36.3%，而黑龙江2014年的玉米价格相比较2008年上涨765.2元，涨幅为55.4%，上涨额度差距在168.0元，涨幅相差近20个百分点。在2016年，河南省玉米价格仅下跌每吨323.5元，跌幅为16.0%，相比较黑龙江的443.6元和21.2%，都有明显差距。除此之外，在玉米临时收储政策取消之后，2017年，河南省玉米价格与黑龙江省的玉米价格又再次拉开，每吨差距均保持在200元以上，2020年和2021年价差甚至在260元之上，与2008年两省的玉米价格差距程度相同，这说明在市场主导之下，河南省与黑龙江省的玉米价差就应该在每吨260元左右，但是在玉米临时收储政策的影响下，黑龙江省玉米价格与河南省玉米价格之差远不是这个水平，甚至在2015年使得黑龙江的玉米价格反超河南省，形成了主产区与非主产区的价格倒挂现象。综上所述，可以认为，玉米临时收储政策在某些情况下确实会在一定程度上对政策执行区与非政策执行区的玉米价格产生不同影响

(表 5-3)。

表 5-3　2008—2021 年黑龙江与山东、河南两省玉米价格水平差异　元/吨

项目	2008 年	2009 年	2010 年	2011 年	2012 年	2013 年	2014 年
与山东价差	−273.2	−201.5	−306.6	−246.1	−227.4	−274.5	−267.4
与河南价差	−264.1	−151.9	−251.5	−114.1	−73.0	−132.6	−96.1
项目	2015 年	2016 年	2017 年	2018 年	2019 年	2020 年	2021 年
与山东价差	−55.1	−35.2	−224.2	−280.5	−201.0	−257.2	−266.0
与河南价差	69.8	−50.3	−214.3	−240.8	−221.8	−269.3	−262.8

5.2　玉米临时收储政策对玉米价格波动的影响

玉米市场的价格波动情况，反映了玉米市场的潜在风险，一般情况下，价格波动水平越大，就意味着风险越高，这一点虽然有利于资本进行投机牟利，但是对于资金量较小且没有专业金融知识的农户来说，高频率波动的玉米价格并不符合农户自身的期望。种粮农户关心的不仅是玉米的价格水平，同时为了确保自身的收益稳定性，玉米价格的波动情况也是农户关心的问题之一。玉米生产并不同于工业生产，玉米生产具有很强的周期性，并且都在半年以上，当玉米价格相对稳定的时候，农户才会对玉米种植的未来收益有一定信心，进而维持农户的种粮积极性，不然即使当年玉米价格很高，但是价格水平波动剧烈的话，农户也会担心下年种植玉米会发生亏本行为而不选择种植玉米。从另外一个角度来讲，玉米价格的稳定对于产业的稳定发展来说也有重要意义，对于很多玉米加工企业，当进去市场购买玉米时，很有可能因为价格波动过大而使得企业购买成本急速上涨，尤其是存在资本运作的情况下，对于中小企业的生存尤为不利，对于整个产业的稳定发展来说也会带来不利影响，因此，研究玉米临时收储政策对于玉米市场价格波动的影响有着重要的现实意义。

为了反映出玉米市场的价格波动情况，本书计算了五个省份年度和月度的玉米价格标准差作为变量。从整体上来看，可以大致分为四个阶段：第一阶段是 2008—2013 年，在玉米临时收储政策开始实施的几年时间内，确实降低了玉米市场的价格波动情况；第二阶段是 2014—2015 年，在这个时间段内，由于政策的诸多弊端展现，政策市对于市场机制的覆盖使得整个市场机制近乎失灵，所以玉米市场的价格波动程度又开始加剧；第三阶段是 2016—2019 年，玉米临时收储政策取消

之后，市场机制回归，市场开始依据价格来调整供需以平衡下一期的价格，玉米价格的波动程度开始缩小；第四阶段是2019年之后，由于玉米市场失去了政策作用，几乎完全由市场机制主导，受原先玉米临时收储政策所造成的滞后影响，玉米面临供不应求局面，所以整个市场上玉米价格飞涨，导致2019年玉米价格的波动成为近些年历史峰值。

总体来看，如果要缩小玉米市场的价格波动情况需要政策和市场共同发力，不可以过于重视某一方面的作用，虽然玉米临时收储政策在政策执行期的后期并无法有效降低玉米价格的波动情况，但是我们依然不能忽视在政策执行前期，玉米临时收储政策的托底作用对玉米市场所带来的一个稳定作用。市场机制同样如此，在某些情况下，市场确实可以通过无形的手，以价格为中间变量调控玉米供需情况，进而使得玉米回归正常价格。但是考虑到农作物的种植周期以及农户种植玉米的心理意愿的变化，市场的调节能力始终需要一个调节周期，并且市场起到的是调节作用，在调节期内，依然无法避免价格波动情况，甚至在某些情况下，由于蛛网理论的存在，市场反而会加剧价格的波动情况，所以完全依赖政策或者市场的某一单个手段是不可行的，如果要保障玉米市场价格的稳定，仍需市场与政策双管齐下，共同发力。需要注意的是，2017—2019年，是玉米市场机制发挥作用的年份，玉米价格的波动在2008—2019年都属于低点，这说明相比较政策发挥作用，市场机制对于价格平抑的作用会更加具有优势，这说明农业市场的改革方向，也确实遵循市场主导、政策辅助的原则，充分发挥市场的决定性作用。

第6章　新时期我国玉米储备体系的政策建议

6.1　新时期我国玉米储备体系面临的形势

近年来，受国内外政治、经济、科技、文化等多种因素共同影响，国际、国内环境都发生了飞速变化，国内外环境相比较之前更加波谲云诡，错综复杂。中国作为人口大国，粮食安全的重要性不言而喻，准确把握新时期国内外形势的发展变化，对于构建我国新时期玉米储备体系乃至新时期国家粮食安全战略都有重要意义。

在国际上，首先是以中美贸易战为代表的国际政治摩擦事件，使得国际贸易形势动荡，依靠国际市场补充国内农产品缺口变得不再像以前一样顺利。在贸易战期间，我国多项大宗农产品进出口都受到不同程度干扰，尤其是大豆产品。大豆作为中国进口数量最大的农产品，近几年的进口量都在1亿吨左右。美国一直都是我国大豆主要的进口来源国，中美贸易战之后，中国为了反制美国的制裁手段，对美国大豆加征了25%的关税，降低美国大豆的进口量，转而进口巴西等国的大豆，虽然从整体的进口量上来看，加征美国大豆关税并没有使得我国大豆进口量明显减少，但是这一事件依然可以反映出，如果我国大宗农产品过度依赖国际市场，一旦两国之间发生贸易摩擦事件，就很有可能影响到本国的粮食安全问题。大豆和玉米作为饲料粮中的主要组成成分，两者之间存在一定的替代关系，可以预见，如果当初中美贸易战期间，我国无法从国际市场上获取足够多的大豆，玉米等替代农产品的需求就会随之增长，影响国内整个粮食市场的供求格局。另外，受到新型冠状病毒肺炎疫情的影响，很多国家都出台了相关政策来限制本国粮食出口，如越南停止签署大米出口合同，柬埔寨禁止白米和稻谷出口，哈萨克斯坦对小麦和面粉的出口进行了配额限制，国际市场上粮食的供给数量减少。受疫情影响，部分国家的农业生产出现一定困难，粮食产量有所下滑，即使是我们国家，虽然后期疫情防控得力，但是在疫情前期也出台了很多强有力措施才有效地保障了农资、农具的有效供应，确保春耕的顺利开展。2020 年 4 月，二十国集团农业部长应对新冠病毒肺炎疫情特别会议召开，会上就指出全球仍有四分之一的人口处于粮食不安全状态，新冠肺炎疫情无疑是加剧了这一状况。总体来说，无论是政治因素还是疫情原因，整个国际形势相比较之前都呈现了局面更加复杂、动荡更加剧烈、影响更加深远的特点，在这样的形势下，为守住国门，确保本土的粮食稳定供给，国内粮食储备体系的完善建设相比较之前也有了更加重要的现实意义。

从国内来看，首先是新时期粮食安全战略的提出，再次确定了玉米以国内生产供应为主的战略定位。党的十八大以来，以习近平同志为总书记的新一届中央领导着眼于实现“两个一百年”奋斗目标和中华民族伟大复兴的中国梦，提出了“以我为主、立足国内、确保产能、适度进口、科技支撑”的新形势下国家粮食安全战略，强调要坚守“确保谷物基本自给、口粮绝对安全”的战略底线。相比较之前我国传统的粮食安全战略，首次提出了适度进口这一概念，这说明我国在保障粮食安全这一问题上，未来的方向是需要利用好国际、国内两个市场。但是仍要注意的是，国内生产还将是保障我国粮食安全的主要战场，因为国际上其实很难为我们这样一个人口大国提供足够多的粮食贸易量。以玉米为例，2020 年全球玉米总贸易量为 1.8 亿吨，但是 2020 年当年我国玉米的需求量在 2.2 亿吨左右，整个国家的玉米需求量高于全球玉米的贸易量，国际市场的调剂补充能力有限。中国作为一个负责任的大国，自己解决自身的粮食安全问题，不只是对自己国民负责，减少从国际市场上的进口，还将更多粮食贸易额给予非洲等粮食短缺的地区，体现了中国在国际社会上的责任与担当。从新形势下的国家粮食安全战略出发，玉米作为重要谷物，要坚持基本自给的原则，在玉米饲用需求、工业需求持续上涨的状态下，提高玉米的播种面积是基础，同时通过科技手段提升玉米单产，确保国内有足够多的玉米产量。为了应付市场波动情况，虽然可以通过国际市场补充，但是作用有限，更多的则是需要依靠国家自身的玉米储备体系进行调节。除此之外，在市场化改革的方向之下，玉米储备体系对于玉米的市场价格调节将起到更加重要的作用。自 2017 年，我国玉米价格又开始了新一轮的上涨，虽然在 2019 年受非洲猪瘟影响，一段时间内玉米价格低迷，但是并未持续太长时间，2020 年玉米价格又开始了疯狂上涨，并且持续至今，究其原因就是市面上玉米供给量的缺失，不光玉米播种面积下降导致供给量减少，国家在 2018 年去库存结束之后，国库的玉米存粮数量几近为零，玉米储备体系已经不具备调节市场价格的能力，在市场化改革的背景下，玉米市场受供需关系影响，玉米价格只能一路走高，在未来，如果需要稳定玉米价格,减少大幅度的玉米价格波动,还是应该多利用玉米储备体系,对市面上玉米流通量进行调节,平抑玉米价格波动,促进行业稳定健康发展。

6.2 我国玉米储备体系面临的问题

我国玉米储备体系面临以下四个问题:

(1)库存持续处于低位,难以对市场进行有效调节　在玉米临时收储政策执行期间,我国玉米储备常年处于历史高位,造成了很大的财政压力,但是在玉米去库存的要求提出之后,我国玉米库存的消化速度其实是非常快的,仅在2018年一年就消耗掉了1亿吨库存量,自此之后,由于玉米产量与玉米需求量处于同步上涨态势中,每年国内的玉米产量并未有明显结余,并且在市场定价的前提下,国家也不再像原先一样进行政策性的玉米收储,玉米基本都是在市场流通用以满足饲用需求和工业需求,所以玉米库存一直都未能得到有效补充,库存量近几年来一直都处于低位,并且通过对未来玉米供给和需求的预测,未来每年玉米的产需缺口在1 500万～2 000万吨,库存量很难在恢复到2015年那样的水平,甚至达到能够对市场产生有效影响的库存水平也较为艰难。通过研究玉米价格的走势可以发现,在2018年去库存结束之后,玉米的价格就一直飞速上涨,就是因为国家库存掏空之后,面对市面上玉米供小于求的局面,再也无法通过释放库存来调节市场供需,只能依赖市场自身调节,但是考虑到农业种植的周期性、农户种植意愿、需求的刚性上涨等等因素,市场的调节作用也并非是万能的,所以当缺少了储备体系的调节作用之后,玉米的价格就很难得到有效平抑。

(2)储备玉米中存在结构性短缺现象　玉米的常见用途大致分为饲用消费和工业消费两项,其中每年的饲用消费量大约为工业消费量的两倍,并且两者都保持了常年上涨的态势。例如2017年,玉米饲用消费量为1.35亿吨,工业消费量为0.66亿吨,到了2020年,饲用消费量为1.43亿吨,工业消费量为0.73亿吨,可以看出饲用消费才是玉米消费的大头。但是我国玉米种植的品种中,饲用玉米的种植量一直较少,所以库存中的玉米也是饲用用途占比较低,工业用途占比较高。当初国家取消玉米临时收储政策,其中就是考虑到了对于玉米种植品种的结构性调整,在未来需求刚性增长的情况下,结合现在的种植品种比例,可以预见的是,在未来即使是玉米总量能够保持产需平衡,但是在内部的玉米品种结构上来看,仍有可能发生饲用玉米不足、工业玉米过剩的可能。

(3)储备主体多元化,但是缺乏相应的基础设施　自玉米临时收储政策取消之后，国家明确鼓励市场上的所有主体参与玉米的收储中，给予了农户和玉米企业进行玉米收储的空间，市场上进行玉米收储行为的主体已经不再局限于原来的国家粮库，储备主体逐渐多元化。结合当下玉米的价格走势，农户为了择价出售，企业为了择价收购，都有充足的理由将玉米储备一段时间以等待一个最佳时机，但是调研过程中发现，很多农户储存玉米的手段和条件都非常原始，不仅在数量上造成了相当大的损耗，很多企业受限于建设成本，玉米储备设施也较为简陋，也存在相同的问题。例如，河北省目前仍有95%的农户选择传统的储粮方式，设施简陋、储藏条件较差的问题比较突出，加上粮食连年丰收，人们对粮食的爱惜程度不像吃不饱饭的年代，保管粗放、损失浪费问题严重。据河北省粮食局对不同地区农户抽样调查，全省小麦、玉米在农户储藏环节，因技术和条件缺乏，储粮方法不当，虫蚀、鼠咬、鸟啄、霉烂变质等造成的损失损耗为6%，据此推算每年损失粮食约13.5亿千克，相当于330万亩良田的产量，并且很多粮食堆放杂乱无章，也严重影响了新农村村容村貌的建设改善。

(4)储藏技术与意识不到位，粮食质量下滑严重　受限于农户对于粮食储备技术和意识的欠缺，农户家庭储粮还存在着不容忽视的粮食质量安全隐患。一是化学污染。现在不少农户为图方便，习惯把小麦装在编织袋里，有的与杂物甚至农药、化肥放在一起，没有隔离防护措施。有的农户为了防虫，对装在缸里的粮食长期用有机磷拌草木灰覆盖，并随意放置鼠药。二是霉变。这是玉米储存中容易发生的一个问题。现在农民种玉米一般为了出售，因此对玉米存放普遍不当回事。有的码在房顶不管雨淋日晒，有的堆在墙边屋角阴暗潮湿的地方。这种粗放的存储方式在连阴天较多的情况下，极易造成玉米品质下降甚至霉变。河北省粮食局粮油质量检测中心近几年在对全省农户存储玉米抽样检测中，发现不少样品呕吐毒素、玉米赤霉烯酮超标，这部分玉米如果进入流通环节，会严重危害人畜健康。人食用赤霉烯酮超标的食物可出现恶心、头痛、神智抑郁、共济失调等中枢神经中毒症状；禽畜食用赤霉烯酮超标的饲料可导致掉膘、产蛋率下降、流产、死胎，甚至中毒死亡。

6.3　新时期我国玉米储备体系的政策建议

要构建好新时期我国的玉米储备体系，首先就需要对新时期我国玉米储备体系的建设用意和作用机制有一个合理的认识。在过去，无论是玉米也好，还是其他储备粮食也好，是建立在我国粮食产量较低、人口数量较多、产需缺口大、容易发生粮食危机的情况下的，换言之，在过去，粮食储备体系的建立首要目的是确保人人有粮吃。但是在新时期粮食安全战略下，玉米的粮食储备体系的定位已经出现了变化，具体表现在于国家对于玉米的定位有所下放，并不在于小麦和稻谷并列，而是将玉米放在谷物之中，小麦和稻谷则依然作为两大口粮，在国家战略布局上，小麦和稻谷是需要保持绝对安全，虽然我国小麦和稻谷的库存量属于机密，但是从不少官方的发言中都可以了解到小麦和稻谷的储备粮数量可以支撑我国一年的消费量，但是玉米自 2018 年完成去库存之后，库存量基本为零，已经不再具备应对粮食供需危机的能力，玉米与小麦、水稻这两大口粮的区别，映射出的背后含义就在于国家对于玉米储备体系作用的转变。我们需要清楚地认识到，现如今，玉米的储备作用是在于 10 月收购之后，对来年玉米市场上种种需求的调配作用，并且从数量上来看，也只能满足当年需求，这说明新时期我国玉米储备体系的建立，其作用更多的是在产需紧平衡的背景下，让玉米这一资源能在下一年市场周期中得到更加有效的配置，而不再是传统意义上用于应对战争、自然灾害等突发事件的一种未雨绸缪的行为。基于此，本书对于新时期我国玉米储备体系的建立提出如下相关建议。

(1)玉米仓储机构要合理布局，兼顾考虑国家战略、市场需求以及地域差异等因素　如上文所言，玉米储备体系更多的是一种市场的资源配置作用，那么在玉米入库时期，就应当考虑到入库玉米的品种和数量与当地需求是否匹配的问题。如在国家战略问题上，东北三省和内蒙古地区作为国家发展畜牧业的重点区域，那么在这几个省份的玉米储备体系的建设上就应该侧重于对饲用玉米的储备，并且这几个省份作为主产省，也应该积极引导玉米品种朝这个方向转变，如内蒙古对于德美亚这一饲用玉米品种的推广，就是对于国家战略的积极响应。同理，在市场需求方面，南方地区省份对于玉米的需求更多的是工业需求，玉米储备体系的建立也应该以工业玉米为核心进行建设。另外还需要考虑到地理位置差异，在国内玉米产需紧平衡的背景下，我国玉米每年还需要进口 1 500 万～2 000 万吨，而进口玉米的港口城市则多集中在南部沿海地区，因此在进行玉米储备布局时，还需考虑到这一部分玉米，为降低国内运输成本，减少玉米跨区域调配数量，还可以尽可能让进口玉米的品种满足南方地区需求。

(2)要构建多元化主体的储备体系，充分发挥中央、地方、企业和农户各个主体作用　依据本书之前的分析，在市场化的背景之下，企业和农户都具备充足的动机来进行玉米储备，所以让企业和农户参与到玉米储备体系之中，这不仅符合企业和农户自身需求，同时还能够降低中央的仓储压力和成本，最重要的是，多主体的参与形成的多元化的储备体系，还能够最大化地激发市场活力。另外，在本书第 5 章的分析中也提到，单纯的市场化机制，对于玉米市场的调控作用也有限。因此，中央、地方这两个政府还应该通过政策或者中储粮这样的国企，来配合市场机制来对玉米市场进行调节，在尊重市场机制的前提下，发挥政府和国企的责任和担当，做好玉米市场的兜底任务，减少玉米市场的波动情况。除此之外，在各个主体之间还需要构建利益联结机制，尽可能平衡各主体之间的利益关系。以中央政府和地方政府为例，中央政府的首要目标是粮食安全，其次是减少财政压力，而地方政府则分为两种：一种是主产区政府，对于他们而言，粮食安全问题并不值得顾虑，更关注的是经济效益；另一种是主销区政府，他们往往在经济发达省份，对于他们而言，粮食的供给是需要关注的话题，但是由于有中央进行宏观调控，所以主销区政府往往在保证粮食安全上并不需要付出过多成本。因此，主销区政府受益较多，主产区政府则没有得到较好的经济补偿，在这样的机制下，主产区政府生产粮食在某种意义上，是为整个国家做出贡献，但是限制了省内经济的发展，这对于主产区政府并不公平，并且从地域差别上也可以很明显地看出，主销区相对于主产区而言，都是经济更为发达的地区，应该由中央收取主销区政府的一定资金，用以补贴中央的财政资金以及主产区政府，平衡三方利益关系。

(3)建立健全仓储基础设施建设，减少各环节粮食浪费　农户储粮是我国独有的一种储粮方式，它具有战略性和稳定心理、调节市场的功能。2008—2009 年度国际粮食市场的价格波动之所以没有对我国粮食市场造成大的冲击，除了国家采取针对性的农产品贸易措施外，占社会储粮总量一半的农户存粮默默发挥着重要的稳定作用。这与我国家家户户的储蓄有利于抵御全球金融市场剧烈波动实质上是一个道理。但是在调研过程中，可以看出农户受限于成本问题，多数地区的玉米存储设备都较为原始，造成了玉米品质和数量的双重损失，在中国三级储备制度下，中央储备和地方储备的储备损失已经减少到 0.1%～0.2%。而农户储粮由于批量少、品种多，且储粮设施简单，储粮手段落后，损失相当严重，如虫害损失、霉变损失、鼠雀危害，其损失率达到 8%～10%，严重地区甚至高达 30%，可以看出农户储粮仍有很大的改进空间。农户和企业这两个主体参与玉米收储之中，虽然是出于自身逐利的行为逻辑，但不可否认的是，这两者参与玉米收储中，降低了国家的玉米收储压力，同时也就降低了国家对于玉米仓储企业的补贴，那么针对农户和企业仓储基础设施较差的问题，国家可以将降低的玉米仓储成本，转变为对于农户和企业的仓储设施建设补贴资金，帮助其完成基础设施建设，尽可能降低仓储期间玉米的损耗情况。目前，我国已在山东、辽宁和四川 3 个主要产粮省份开展农户储粮减损试点工程，计划今后 10 年向全国 24 个省(自治区、直辖市)的 500 万农户提供财政补贴，使其粮食储存设施实现现代化。中央、地方财政和农户以约 3：5：2 的比例投资该项试点工程。另外,还应该多环节发力,降低玉米损耗,我国土地资源有限,玉米的播种面积其实已经没有过多的上涨空间,在单产提升较为缓慢的情况下,我国玉米生产总量也就不太具备明显的提升空间。玉米作为饲料和工业的原材料,我们不单单要在食用环节减少浪费,同时还应尽可能减少对于肉类产品消费的浪费,以及在工业生产中尽可能提高玉米的利用效率,通过减少浪费来实现另外一个角度的增产。

(4)建设玉米市场监测预警机制,完善储备监管制度　由于我国玉米储备体系现在发挥出来的是对玉米进行资源配置的作用,那么对于市场信息能否进行准确有效的收集、分析、发布就成为这一作用能否有效发挥的关键所在。2019 年 10 月,我国玉米进行收储时,由于整个市场上都清楚玉米整体是供需紧平衡状态,因此很多主体在收储前期就进行大量的抢收抢购行为,导致市面上玉米价格飞速飙升,但是到了 2020 年 5 月之后,之前进行抢收抢购的主体对于玉米无法进行消化,只能选择向市面上抛售,又导致玉米价格快速下跌,这样的市场现象就说明我国玉米市场没有一个有效的信息引导机制,而玉米市场监测预警机制就恰好可以填补这一空白。同时对于玉米储备体系中的国有企业或者粮库,还应该完善监管监督等配套政策,在之前地方上粮库为了自身利益,将收储的新粮作为陈化粮出库,粮库空库运行并且骗取国家补贴的事件时有发生,甚至导致国家在重大灾害发生时无粮可用,造成严重的社会影响,所以应当加强对于粮库的监督管理力度,坚决杜绝类似事件发生,为市场机制的有效运营创造良好的外部政策环境。

(5)对于农户粮食储备补贴　匡远配(2008)认为,农户储粮是我国粮食储备体系的重要组成部分,储存量占全国粮食总产量的 60%~70%,保障着 9 亿农民的口粮,其在分担国家粮食安全责任方面的重要作用是不可忽视的。因此,对农民粮食储备环节给予补贴,提高农民储粮的积极性和储粮的质量,建立起系统的粮食储备补贴实现机制,对保障国家粮食安全具有很大的现实意义。

第7章 粮食储备政策

7.1 中共中央关于实行粮食的计划收购与计划供应的决议

一九五三年十月十六日

一

过去几年,由于在全国范围内实行了土地改革,从封建势力的枷锁下,解放了农村生产力,发挥了农民的生产积极性,所以全国农业经济恢复较快,连续了几年的丰收,并在粮食供应方面做了许多有效的工作,从而使粮食生产超过了解放前的最高水平,粮食贸易由解放前的大量入口转变为停止入口并可以小量出口,同时保持了粮食市场的基本稳定。但是由于城市和工业的需要逐年增大,人民生活逐年提高,食用量增多,特别是由于粮食自由市场的存在和粮食投机商人的捣乱,使农村中的余粮户,贮存观望,等待高价,不愿迅速出卖粮食,反映到供销上面,则是国家粮食收购计划,不能按期完成,粮食销售却远远超出计划,造成供销不平衡,市场紧张。这种情况,直到今年秋收之后,仍在发展。截至目前,全国的购销情况是:有的不能完成收购计划,有的虽然完成了收购计划,但销售数字却大大超过销售计划。这说明了粮食问题的极大严重性。如果不设法加以解决,那么在粮食战线上,不久就将不可避免地出现一个严重的供销脱节的混乱局面,以至形成牵动全面的物价波动,影响整个的国家建设计划。必须指出,现在全国商品粮食产量的增长速度,虽落后于粮食需要的增长速度,但是只要调度得法和措施得当,还是够吃够用,且能略有积余的。现在在供销方面所表现的紧张性,其本质是反映了国家计划经济与小农经济和自由市场之间的矛盾,反映了工人阶级领导与农民自发势力和资产阶级反限制的立场之间的矛盾，归根结底，是反映了社会主义因素与资本主义因素之间的矛盾。所以粮食问题不是采取枝节的办法所能解决的，而从根本上找出办法，来解决这个极其严重的问题，就成为全党当前极端迫切的任务。

为了从根本上解决粮食问题，把粮食供应放在长期稳固的基础之上，除了努力促进农业生产的互助合作化和技术改良，借以增产粮食，把粮食生产发展的速度，逐步提高到足以保证国民经济向前发展的水平外，必须在全国范围内，采取如下的措施：（一）在农村向余粮户实行粮食计划收购（简称统购）的政策；（二）对城市人民和农村缺粮人民，实行粮食计划供应（简称统销）的政策，亦即是实行适量的粮食定量配售的政策；（三）实行由国家严格控制粮食市场，对私营粮食工商业进行严格管制，并严禁私商自由经营粮食的政策；（四）实行在中央统一管理之下，由中央与地方分工负责的粮食管理政策。上述四项政策，除少数偏僻地区和某些少数民族地区之外，必须全国各地同时实行。上述四项政策，是互相关联的，统一不可的。只实行计划收购，不实行计划供应，就不能控制市场的销量；只实行计划供应，不实行计划收购，就无法取得足够的商品粮食。而如果不由国家严格地控制粮食市场，和由中央实行统一的管理，就不可能对付自由市场和投机商人，且将由于人为的粮食山头的相互对立，给投机商人以更多的捣乱机会，结果计划收购和计划供应亦将无法实现。实行上述政策，不但在现在的条件下可以妥善地解决粮食供求的矛盾，更加切实地稳定物价，和有利于粮食的节约；而且是把分散的小农经济纳入国家计划建设的轨道之内，引导农民走向互助合作的社会主义道路，和对农业实行社会主义的改造，所必须采取的一个重要步骤，它是党在过渡时期的总路线的一个不可缺少的组成部分。

二

根据概略的计算，目前每年国家必需掌握着七百亿斤的商品粮，才能有把握地控制粮食市场，满足城市人民和乡村缺粮人民的需要。故除了全国农业税收的粮食部分二百七十五亿余斤之外，还须向农民计划收购四百三十一亿余斤。这虽是一个很大的数目，但由于过去三年的丰收，农民手中存有若干余粮；今年年成不坏，粮食总产量相当于一九五二年；而就农民拿出的粮食数字来说，一九五二年农民缴纳国家的公粮和卖给国家及私商的粮食，共约为六百七十亿斤左右，今年实行计划收购，农民要拿出的粮食，所多不过三十余亿斤，所以说这是可能的。

但是，粮食的计划收购（统购）是涉及到广大农民，首先是广大中农切身利害关系的问题，它不但会遇到投机商人的抵抗，遇到反革命分子的破坏活动，而且如果工作做得不够，还会遭受到一部分余粮户的反对。因此，在实行计划收购时,(一)统购价格必须合理。国家所定的统购价格,在大体维持现有的城市出售价格的基础上,以不赔不赚为原则。在此原则下,全国各地的秋粮统购价格将大体维持目前的收购牌价,只有对于某些大区之间的毗邻地点和其他个别地点的粮价定得不合理者,才予调整。目前统购牌价尚未颁布,各地的收购牌价,不得大区批准,一律不准提高。(二)统购价格及统购粮种,必须由中央统一规定,杂粮是否实行统购及统购品种,亦由中央规定,以便于合理地规定地区差价和调节品种比价,消除粮食投机的可能。(三)统购价格必须固定,以克服农民存粮看涨的心理。在既定的收购数字和收购价格下,农民可以分期交粮,分期取款;可以一次交粮,一次取款;也可以一次交粮,分期取款,而在后一种场合,可由银行给予较为优厚的利息。以上办法可根据地方情形,酌量采用。(四)实行统购同时,必须加强农村的物资供应,加强地方国营工业和手工业的生产,使农民出卖粮食所得之现款,能够买到生产和生活必需的物资,以便利农民。(五)统购面宜于稍大,不宜过小,才利于完成统购的任务。(六)实行统购必须进行充分的政治动员,并须采取由上级颁发控制数字和由群众实行民主评议的办法。在乡一级应将控制数字公布,使群众心中有数。(七)粮食入仓的运输,适用公粮入仓的运输办法。(八)为了帮助贫农解除困难,避免购粮资金的投放过分集中,应在一九五四年考虑实行粮食预购的办法。

应该指出,国家实行粮食计划收购,只是不利于奸商,不利于囤积居奇牟取暴利的粮食投机者和剥削者,不利于农民中那种资本主义的自发倾向,而对于所有农民,包括余粮户在内,都是有利的。这不仅因为农民得到了合理的粮价,得到了物价稳定的好处,更主要的是因为国家和粮食投机商以及农民的资本主义自发势力作斗争的结果,使农民摆脱投机者的操纵和剥削,并将加快地促进农民对于社会主义的觉悟,因而就可能加快地促进互助合作运动的发展,而农民只有走互助合作的道路,走社会主义的道路,才能最好地解除自己的贫困,过着一年一年富裕起来的生活,才能使商品粮大量增加,供应城乡人民的需要。把道理向农民讲清楚,一定能够得到他们的拥护。因此可以说,实行计划收购,不仅没有损害农民的利益,而且保护了农民的利益,不仅不会损害工农联盟,而且会加强工农联盟,不仅不会妨害农民的生产积极性,而且工作做好了,可以更大地发挥农民的生产积极性。

三

我们的计划供应(统销),不同于资本主义国家的配给制度,更不同于日本占领时代的配给,因为我们的供应是足量的,粮食品种是合乎人民健康需要的,而我们供应的范围不但是保障县以上城市,而且包括集镇,包括缺粮的经济作物区,包括农村人口中十分之一左右的缺粮户和每年都有的灾区粮食的供应。这就是说，我们保证供应的人口，仅在农村，即近一亿，加上城市，总数接近两亿。由于实行计划供应，这两万万城乡人民可以不受奸商的剥削，吃到所需的合理价格的粮食。所以，这是一个对于广大人民极具有利的措施。

实行计划供应，对于国家和人民来说，同计划收购一样，是一项没有经验的新的工作，一时还不可能订出一个统一完善的制度，所以在城市开始实行时，只能规定一些简便易行的办法，只能由简到繁，由宽到严，对有组织的群众，可通过其组织，对一般市民，可暂凭户口簿购买。在集镇、经济作物区、灾区及一般农村，对于缺粮户，则亦应采取由上级颁发控制数字和由群众民主评议的办法，使真正的缺粮户能够买到所需要的粮食，而又能够控制粮食的销量。对于旅店、熟食业、食品工业等，则按过去一定时期的平均实销量，定额给予供应，不许自行采购。以上具体办法，由各地根据实际情况确定。计划供应中，粮食品种的调剂，将成为十分重要的工作。对于主要城市和工矿区，给予适当数量的细粮，是必要的。但由于国家细粮产量不足，故须教育人民，有甚吃甚，吃得粗一些，以便于全国的统一调度和搭配。粮食加工必须提高纯度，降低精度，以节约粮食。这样作对人民的健康是有益无害的。总之，粮食计划供应能够更加有效地保障城乡人民的粮食需要，保障国家的建设，能够更加保证粮食价格的稳定和一般物价的平稳；而实行的结果，和计划收购一样，受到打击的也只是粮食投机商人，因此这一措施是会取得广大城乡人民的拥护的。但也必须看到，供应开始，人民一下还不习惯，有的还可能有顾虑，品种供应上不可能尽如人意，可能招致部分群众的不满，对于这些，需要我们在实行的过程中，找出更好的切实可行的办法，和做充分的宣传教育工作。

为了实行计划供应，在城市和集镇上必须适当配置供应粮食的国营粮店、合作社或代销店，目前尚无此项供应机构者，应在实行计划供应之前配置完毕。

四

为了保证计划收防和计划供应政策的实施，必须实行粮食市场的严格管理，必须将粮食市场掌握在国家手里，粮食由国家统购统销。因此：(一)一切有关粮食经营和加工的国营、地方国营、公私合营和合作社经营的商店和工厂，必须统一归当地粮食机关领导，使事权专一集中。(二)对于私营粮商，必须采取严格的管制办法，所有私营粮店，一律不许自由经营粮食，但可以在国家严格监督下，由国家粮食机关委托办理代国家销售粮食的业务，即只能起代销店的作用。小杂粮亦由国家经营，在国家尚未准备就绪前的一个短时期内，在有监督的条件下，可以暂时允许一部分粮商加以经营。(三)所有私营加工厂，一律由国家粮食部门委托加工，或介绍给合法消费户按照国家规定的精度从事加工，不得自购原料，自销成品。（四）一切非粮食商禁止跨行跨业兼营粮食。（五）城郊农民运粮进城出售，由国家商店和合作社收购，不许私商购粮牟利。（六）在城市，居民消费量有余和不足间的调节，不同习惯不同粮种需要间的调节，可到指定的国家商店及合作社或国家设立的粮食市场卖出和买入（代销店不得经营此项业务）；在农村，农民缴纳公粮和计划收购粮以外之余粮，可以自由储存和自由使用，可以按照牌价，售给国家，或在国家设立的粮食市场进行交易，并且完全可以在农村间进行少量的有无相通和自行交换。（七）为了切实管制粮商，取缔投机，各地应组织检查机构，进行经常的检查和监督，对于违犯国家法令的奸商，必须严格处理。

五

为了保证粮食的计划收购和计划供应政策的实施，必须由中央实行统一的管理，统一的指挥与调度。所有方针政策的确定，所有收购量与供应量，收购标准与供应标准，收购价格与供应价格等，都必须由中央统一规定或经中央批准；地方则在既定的方针政策原则下，因地制宜，分工负责，保障其实施。中央与地方的具体分工是：（一）粮食的收购和供应计划，由国家计划委员会颁布控制数字，各大区根据控制数字和当地情况，制定计划报中央批准，然后按照计划，负责收购、供应和保管。（二）按照计划拨给大区供应的粮食，全部由各大区负责掌握调度。（三）除拨给各大区的粮食以外，其他粮食包括各大区间的调剂粮、出口粮、储备粮、全国机动粮、全国救灾粮等，统归中央统筹调度。（四）各大区如遇自己不能克服的困难，中央负责解决。（五）中央认为必要和可能从地方调出一定数量粮食时，地方必须服从中央的调度。（六）计划供应的标准，由大区提出方案，报中央批准。（七）中央统一规定若干大中城市及各大区间毗邻地点的粮价，大区和省根据中央所定的原则，规定其他城镇的粮价，报中央批准。

六

如上所述，粮食的计划收购和计划供应，是关系到每一个城乡人民，特别是关系到每个农民的大事，这个工作做好了，就可以巩固工农联盟，在一个重要方面把广大农民引向国家计划经济的轨道而脱离资本主义的自由市场，就可以刺激农民的生产积极性，增加生产，就可以大大地减少浪费，节约粮食，就可以把农村工作大大地推向前进一步；而如果做得不好，政策掌握不稳，动员说服工作做得不够，就会引起群众的不满，甚至会在反革命分子的煽动挑拨下，发生一些大大小小的骚动事件，而尤其重要的，它将影响农村的生产积极性，产生大吃大用随意损耗粮食的浪费现象。因此必须动员全党的力量,向广大人民,主要是向农民进行充分的工作,才能完成这个极为艰巨的任务。

必须指出,实现这个政策的关键,在于教育党员和教育农民。在党员和农民群众还没有明了这个政策的必要性和重要性的时候,是会在党内和在农民中遇到抵抗的。所以必须由上而下,首先在党内召集一系列的会议,向各级干部和全体党员,讲通道理,然后通过他们,去向所有农民讲清道理。必须使他们懂得党在过渡时期的总路线和总任务,即是要在大约三个五年计划内,或者说大约十五年左右的时间内,将我们的国家建设成为一个伟大的社会主义国家,使我国由新民主主义过渡到社会主义。使他们懂得只有实行党在过渡时期中对于农业的社会主义改造的方针,即按照农民自愿的原则经过发展互助合作的道路,在大约十五年左右的时间内,一步一步地引导农业过渡到社会主义的方针,才能一步一步地发展农业生产力,提高农业的产量,才能使所有农民真正脱离贫困的境地,而日益富裕起来,并使国家得到大量的商品粮食及其他农产品。使他们懂得,只有实行计划收购和计划供应的粮食政策,才能保证国家和人民的粮食供应,才能稳定物价,保障经济建设,才能打击粮食的投机奸商和囤积居奇的剥削者,才能把农民的个人利益和国家及全体人民的共同利益结合起来,才能把农民的目前利益和长远利益结合起来,才能引导农民抛弃资本主义的道路,而逐步地走向互助合作的社会主义的道路。使他们懂得,如果不实行计划收购和计划供应的粮食政策,听任粮食的投机行为和剥削行为自由地发展下去,即是说,听任农村经济按照资本主义的经济法则自由地发展下去,其结果,除了少数的投机者和剥削者变为资产阶级之外,绝大多数农民,将会陷于被剥削被奴役的贫困地位。所以必须实行计划收购与计划供应的政策,才是对农民有利的。使他们懂得,国家工业化的建设,是全体人民的最高利益,也是农民的最高利益,只有实现社会主义的工业化,才能够使国家有可能用机器来帮助农民发展集体农场,以便于大大地和迅速地提高农业生产率,并有可能供给农民以丰富的和便宜的生活资料,因此,大力帮助国家工业化的事业,拥护国家计划收购与计划供应的政策,乃是农民对于国家的一种重要义务,是农民爱国主义的一种表现。只要把道理讲清楚,农民是一定拥护的。

必须指出,实现这个政策,争取劳动农民,克服农民只顾个人利益不顾国家利益的这种落后方面,孤立从事粮食投机的少数分子,这是一件极其复杂极其艰苦的新的工作,故须全党动员,全力以赴,才能做好这件工作。必须大量抽派得力的能够掌握政策的干部,到农村中去,中央局、省委、地委及各级政府的负责周志,在计划收购的时间内除留少数处理日常工作外,应亲自到下面去,研究情况,掌握政策,创造并及时推广经验,尽可能地减少偏差和错误。特别是对于农村大约百分之十的落后地区和落后乡村，尤须十分注意掌握，并派得力干部坐镇，因为这是最容易出乱子的地方。

最后，在时间的安排上，为使工作做得充分，要求各地在一九五三年十一月底以前，完成各级的动员和准备；并确定于十二月初，在全国范围内同时开始农村的统购工作。至于城市的计划供应，刚可根据各地情况，酌定适当日期，报经中央批准后，提早开始实行。

7.2 国务院关于建立国家专项粮食储备制度的决定

（一九九〇年九月十六日）
国发〔1990〕55号

今年以来，各地认真贯彻执行党中央、国务院关于加强农业的一系列指示，粮食生产形势很好，夏粮和早稻产量都超过去年，秋粮也丰收在望。为了解决主产区农民卖粮难问题，保护农民种粮积极性，当前必须加强粮食收购，把农民需要出售的余粮收购起来，以促进粮食生产持续稳定发展；建立国家专项粮食储备，增强宏观调控能力，搞好丰歉调剂，保证粮食市场供应和粮价的基本稳定。为此，特作如下规定：

一、各级政府和有关部门要认真贯彻落实国务院关于加强粮食购销工作的决定，把粮食收购当做一件大事来抓。国家粮食定购任务必须保证完成，同时，要敞开收购议价粮，满足农民出售余粮的要求。各地要采取措施，让农民留足口粮、种籽和饲料，不要购过头粮，以保证农民生产和生活的需要。要切实组织好收购资金，及时保证资金供应，决不允许截留挪用。

二、各地向农民收购议价粮，不得低于国家规定的保护价格，避免谷贱伤农。各省、自治区、直辖市要向农民宣布分品种的保护价格，出安民告示，农民早出售或晚出售，国家都按不低于宣布的保护价格收购，以稳定农民情绪，避免卖粮一拥而上。必须强调，这是一项重要政策，各地必须坚决执行。

三、建立国家专项粮食储备制度，重点照顾粮食调出省和地区。国务院确定，本年度专项粮食储备计划为一百七十五～二百二十五亿公斤。这部分粮食的统购价与结算价之间的差价贷款，由中央财政贴息。具体计划和办法，由商业部、财政部制定下达。各地转作专项储备的粮食，必须是今年从农民手里收购的新粮，坚决禁止从库存陈粮中划转。各省、自治区、直辖市人民政府也要根据实际情况，建立本地区的粮食储备，并将计划报国家专项粮食储备领导小组和商业部。

四、认真解决好粮食储存问题。各地要通过建、修、租、买等多种途径解决粮食仓容不足的困难。当前要大力抓好粮食仓库建设。今年已经安排的建仓计划，各地要保证按期完成，尽快投入使用。为了解决秋粮收购紧急需要，国务院决定再增拨二亿元，用于修建粮食仓库。各地也要挤出一部分资金，用于粮食仓库建设。凡是粮食仓库被占用的地方，要迅速整理收回，用于存粮。粮食部门临时租用仓库和场地，有关部门要予以支持。建仓和露天储存所需的物资器材，物资、商业部门要保证供应。各地露天存放的粮食，一定要严格责任制，加强检查，防止发生坏粮事故。

五、加强专项粮食储备工作的领导和管理。国务院决定成立国家专项粮食储备领导小组，负责领导和统筹解决国家专项粮食储备的有关问题。由国务委员陈俊生同志任组长，刘仲藜、郭振乾、白美清同志任副组长，国家计委陈光健、财政部张佑才、农业部陈耀邦、商业部何济海、经贸部谷永江、工商银行刘廷焕、农业银行林中杰、物价局马凯同志为领导小组成员。日常工作由白美清同志负责，领导小组办公室设在商业部。

六、国务院决定成立国家粮食储备局，负责国家粮食储备的管理工作。国家粮食储备局是国务院直属机构，由商业部代管。

七、国家专项储备粮食、粮权在国务院，各地必须服从统一调度，未经批准，任何地区和部门不得擅自动用。要建立专项统计、定期报告制度，以便及时掌握情况，解决存在的问题。

国务院

7.3 粮油仓储管理办法

（2009 年 12 月 29 日中华人民共和国国家发展和改革委员会令第 5 号公布　自公布之日起施行）

第一章　总则

第一条　为了规范粮油仓储单位的粮油仓储活动，维护粮食流通秩序，保障国家粮食安全，根据《粮食流通管理条例》、《中央储备粮管理条例》和相关法律法规，制定本办法。

第二条　中华人民共和国境内的粮油仓储单位从事粮油仓储活动，适用本办法。

第三条　粮油仓储单位必须遵守国家法律、法规和相关管理规定，执行国家和地方粮食流通政策和粮食应急预案，贯彻国家和地方制定的仓储管理制度和标准，接受粮食行政管理部门的业务指导，配合粮食行政管理部门依法开展监督检查。

第四条　粮油仓储单位应当建立健全粮油仓储管理制度，积极应用先进适用的粮油储藏技术，延缓粮油品质劣变，降低粮油损失损耗，防止粮油污染，确保库存粮油数量真实、质量良好、储存安全。

第五条　国家粮食行政管理部门负责全国粮油仓储监督管理工作，制定管理制度和标准，组织储粮安全检查工作。

县级以上地方人民政府粮食行政管理部门负责本行政区域的粮油仓储监督管理工作。

第二章　粮油仓储单位备案管理

第六条　粮油仓储单位应当自设立或者开始从事粮油仓储活动之日起 30 个工作日内，向所在地粮食行政管理部门备案。备案应当包括单位名称、地址、法定代表人、主要仓储业务类型、仓(罐)容规模等内容。具体备案管理办法由省、自治区、直辖市人民政府粮食行政管理部门制定。

第七条　粮油仓储单位应当具备以下条件：

(一)拥有固定经营场地，并符合本办法有关污染源、危险源安全距离的规定；

(二)拥有与从事粮油仓储活动相适应的设施设备,并符合粮油储藏技术规范的要求;

(三)拥有相应的专业技术管理人员。

第八条 未经国家粮食行政管理部门批准,粮油仓储单位名称中不得使用“国家储备粮”和“中央储备粮”字样。

第三章 粮油出入库管理

第九条 粮油仓储单位应当按照国家粮油质量标准对入库粮油进行检验,建立粮油质量档案。成品粮油质量档案还应包括生产企业出具的质量检验报告、生产日期、保质期限等内容。

第十条 粮油仓储单位应当及时对入库粮油进行整理,使其达到储存安全的要求,并按照不同品种、性质、生产年份、等级、安全水分、食用和非食用等进行分类存放。粮油入库(仓)应当准确计量,并制作计量凭证。

第十一条 粮油仓储单位应当按货位及时制作“库存粮油货位卡”,准确记录粮油的品种、数量、产地、生产年份、粮权所有人、粮食商品属性、等级、水分、杂质等信息,并将卡片置于货位的明显位置。

第十二条 粮油仓储单位应当在粮油出库前按规定检验出库粮油质量。粮油出库应当准确计量,并制作计量凭证,做好出库记录。

第十三条 出库粮油包装物和运输工具不得对粮油造成污染。未经处理的严重虫粮、危险虫粮不得出库。可能存在发热危险的粮油不得长途运输。

第十四条 粮油仓储单位应当及时清除仓房、工作塔等仓储设施内的粉尘,按规定配置防粉尘设备,防止发生粉尘爆炸事故。禁止人员进入正在作业的烘干塔、立筒仓、浅圆仓等设施。

第四章 粮油储存管理

第十五条 粮油仓储单位负责人对全部库存粮油的数量真实、质量良好、储存安全负责。

粮油保管员、粮油质量检验员应当掌握必要的专业知识和职业技能,具备相应的职业资格。

第十六条 粮油储存区应当保持清洁,并与办公区、生活区进行有效隔离。在粮油储存区内开展的活动和存放的物品不得对粮油造成污染或者对粮油储存安全构成威胁。

第十七条 粮油仓储单位应当对仓房(油罐)编排号码,配备必要的仓储设备,建立健全设备使用、保养、维修、报废等制度。

第十八条　粮油仓储单位应当按照仓房(油罐)的设计容量和要求储存粮油,执行《粮油储藏技术规范》等技术标准,建立粮油仓储管理过程记录文件。

第十九条　粮油仓储单位仓储能力不足时,应当通过代储、租赁等方式,合理利用其他单位的现有粮油仓储设施,扩大仓储能力。粮油仓储单位应当与承储或者出租的单位签订规范的代储或者租赁合同,明确双方的权利义务。

现有仓储设施不足,确有必要露天储存粮油的,应当具备以下条件:

(一)打囤做垛应当确保结构安全,规格一致;

(二)囤垛应当满足防水、防潮、防火、防风、防虫鼠雀害的要求,并采取测温、通风等必要的仓储措施;

(三)用于堆放粮油的地坪和打囤做垛的器材不得对粮油造成污染。

第二十条　在常规储存条件下,粮油正常储存年限一般为小麦 5 年,稻谷和玉米 3 年,食用油脂和豆类 2 年。

第二十一条　粮油仓储单位应当按照本办法有关粮油储存损耗处置方法的规定处置粮油储存损耗。国家对政策性粮油储存损耗的处置方法另有规定的,从其规定。

第二十二条　储存粮油出库数量多于入库数量的溢余,不得冲抵其他货位或批次粮油的损耗和损失。

第二十三条　粮油仓储单位应当设立粮油保管账、统计账、会计账,真实、完整地反映库存粮油和资金占用情况,并按有关规定妥善保管。库存粮油情况发生变化的,粮油仓储单位应当在 5 个工作日内更新库存粮油货位卡和有关账目,确保账账相符、账实相符。

第二十四条　粮油仓储单位应当建立安全生产检查制度,定期对生产状况进行检查评估,及时消除安全隐患。

第二十五条　储粮化学药剂应当存放在专用的药品库内,实行双人双锁管理,并对药剂和包装物领用及回收进行登记。

进行熏蒸作业的,应当制订熏蒸方案,并报当地粮食行政管理部门备案。熏蒸作业中,粮油仓储单位应当在作业场地周围设立警示牌和警戒线,禁止无关人员进入熏蒸作业区。

第二十六条　库存粮油发生降等、损失、超耗等储存事故的,粮油仓储单位应当及时进行处置,避免损失扩大。属于较大、重大或者特大储存事故的,应当立即向所在地粮食行政管理部门报告。属于特大储存事故的,所在地粮食行政管理部门应当在接到事故报告 24 小时内,上报国家粮食行政管理部门。

粮油储存事故按照以下标准划分：

(一)一次事故造成10吨以下粮食或2吨以下油脂损失的为一般储存事故；

(二)一次事故造成10吨以上100吨以下粮食或2吨以上20吨以下油脂损失的为较大储存事故；

(三)一次事故造成100吨以上1000吨以下粮食或20吨以上200吨以下油脂损失的为重大储存事故；

(四)一次事故造成1000吨以上粮食或200吨以上油脂损失的为特别重大储存事故。

第二十七条　发生安全生产事故的，粮油仓储单位应当依法及时进行处理，并立即向所在地粮食行政管理部门报告。

第五章　法律责任

第二十八条　粮油仓储单位违反本办法第六条规定，未在规定时间向粮食行政管理部门备案，或者备案内容弄虚作假的，由负责备案管理的粮食行政管理部门责令改正，给予警告；拒不改正的，处1万元以下罚款。

第二十九条　粮油仓储单位不具备本办法第七条规定条件的，由负责备案管理的粮食行政管理部门责令改正，给予警告；拒不改正的，处1万元以上3万元以下罚款。

第三十条　粮油仓储单位的名称不符合本办法第八条规定的，由负责备案管理的粮食行政管理部门责令改正，给予警告。

第三十一条　粮油仓储单位违反本办法有关粮油出入库、储存等管理规定的，由所在地粮食行政管理部门责令改正，给予警告；情节严重的，可以并处3万元以下罚款；造成粮油储存事故或者安全生产事故的，按照有关法律法规和国家有关规定给予处罚。

第六章　附则

第三十二条　本办法所称粮油，包括各类粮食、植物油料和油脂。

本办法所称粮油仓储单位，是指仓容规模500吨以上或者罐容规模100吨以上，专门从事粮油仓储活动，或者在粮油收购、销售、运输、加工、进出口等经营活动过程中从事粮油仓储活动的法人和其他组织。

仓容规模500吨以下或者罐容规模100吨以下从事粮油仓储活动的经营者，其管理办法由省、自治区、直辖市人民政府粮食行政管理部门参照本办法制定。

第三十三条　本办法相关条款所称的“以上”包括本数，“以下”不包括本数。

第三十四条　本办法自公布之日起施行。原商业部1987年6月22日颁布的《国家粮油仓库管理办法》[(87)商储(粮)字第12号]同时废止。

附件一：

关于污染源、危险源安全距离的规定

粮油仓储单位的固定经营场地至污染源、危险源的距离应当满足以下要求：

一、距有害元素的矿山、炼焦、炼油、煤气、化工(包括有毒化合物的生产)、塑料、橡胶制品及加工、人造纤维、油漆、农药、化肥等排放有毒气体的生产单位，不小于1000米；

二、距屠宰场、集中垃圾堆场、污水处理站等单位，不小于500米；

三、距砖瓦厂、混凝土及石膏制品厂等粉尘污染源，不小于100米。

附件二：

关于粮油储存损耗处置办法的规定

一、粮油储存损耗包括自然损耗和水分杂质减量：

(一)自然损耗是指粮油在储存过程中，因正常生命活动消耗的干物质、计量的合理误差、检验化验耗用的样品、轻微的虫鼠雀害以及搬倒中零星抛撒等导致的损耗。

(二)水分杂质减量是指粮油在入库和储存过程中，由于水分自然蒸发，以及通风、烘晒、除杂整理等作业导致的水分降低或杂质减少等损耗。

二、粮油储存损耗应当以一个货位或批次为单位分别计算，不得混淆。

三、自然损耗应当在一个货位或批次粮油出清后核销。其中，原粮的自然损耗按以下定额处置，在定额以内的据实核销，超过定额的按超耗处理并分析超耗的原因：

(一)储存半年以内的，不超过0.1%；

(二)储存半年以上一年以内的，不超过0.15%；

(三)储存一年以上的，不超过0.2%。

四、水分杂质减量应当实核实销：

(一)入仓前以及入仓期间发生的水分杂质减量应当在形成货位后核销；

(二)储存期间的水分杂质减量应当在一个货位或批次粮油出清后核销。

7.4 农户科学储粮专项管理办法

第一章 总 则

第一条 为加强农户科学储粮专项管理，规范项目建设行为，更好地实施农户科学储粮专项，保障国家粮食安全，促进农民增收和社会主义新农村建设，根据《国务院关于当前稳定农业发展促进农民增收的意见》(国发〔2009〕25号)精神，依据《"十二五"农户科学储粮专项建设规划》(发改经贸〔2011〕587号)要求，在总结专项建设经验的基础上，特制定本办法。

第二条 专项遵循农户自愿申请、共同出资的原则，采取中央投资补助、地方财政资金补助和农户自筹相结合的投资方式。严格控制单仓造价。

加快建立技术服务体系，逐步建立政府支持农户科学储粮的长效机制，将储粮装具推向市场。

第三条 专项建设的农户标准化小型粮仓原则上每户一套。对部分粮食主产区种粮大户提出的建仓需求，可结合实际开展新型储粮设施建设试点，重点建设一批示范性的小型钢板筒仓。

第四条 国家粮食局根据《"十二五"农户科学储粮专项建设规划》和各省级粮食行政管理部门报送的年度实施方案，编制和报送年度投资计划和财政资金预算。省级粮食行政管理部门根据下达的年度投资计划和财政预算安排，会同省级发展改革、财政等部门落实地方财政资金，并负责组织实施专项建设。

第二章 建设内容与资金筹措

第五条 专项的主要建设内容包括：为符合项目选点要求的农户配置新型储粮装具(彩钢板组合仓、钢骨架矩形仓等，以下简称"粮仓")；为规模化生产的农户和农场建设大容量储粮装具(以下简称"大农户储粮装具")；建立农户科学储粮技术服务体系。

第六条 专项投资中，中央投资补助比例按30%左右掌握，省级财政资金补助原则上不低于30%，其余40%左右由农户自筹资金解决。有条件的地(市)、县政府可以自愿安排部分地(市)、县级财政资金补助。大农户储粮装具投资构成比例根据实际情况另行确定。

第三章 实施条件

第七条 专项建设在自愿的基础上优先安排在前期准备工作扎实、积极性高的产粮大县,兼顾有需求的老、少、边、穷等县。项目县的选择要根据本省建设规划,分片集中安排。安排项目的乡镇政府和行政村应具有较好的组织协调能力。

第八条 东北地区(含内蒙古东部)参与项目的农户,其常年储粮数量应在5000公斤以上,其他地区应在1000公斤以上。自愿提出申请参加项目的农户要与县级粮食行政管理部门签订协议,并承诺所购粮仓不得转让或者变卖。

第四章 管理职责与程序

第九条 国家粮食局负责项目监督检查和项目实施后效果评估。

第十条 省级粮食行政管理部门负责制定本省项目建设年度实施方案,协调落实地方财政资金补助;负责项目的组织实施、监督检查和竣工验收;负责建立农户科学储粮技术服务体系。

地(市)级粮食行政管理部门受省级粮食行政管理部门委托,协助做好项目落实、监督检查和验收等工作。

县级粮食行政管理部门负责提报项目农户的粮仓需求类型;负责与农户签订项目补助协议,落实农户配套资金;负责粮仓建设进度和质量监督工作;负责农户科学储粮技术培训;负责填报农户档案资料等。

第十一条 省级粮食行政管理部门于每年7月底前将下一年度建设计划、实施方案以及地方财政资金补助安排意见(或承诺函)以正式文件报送国家粮食局。每年年底前书面报告专项建设工作总结。

第十二条 粮仓供货商或施工企业需通过省级粮食行政管理部门统一组织的公开招投标方式选定。供货商或施工企业的选择要满足本省项目布点和实施的实际需要,尽量方便运输,方便农民提货,节省成本费用。对质量优、成本低、服务好、诚实守信的中标企业,在完成中标合同后可按规定优先选用。中标供货商或施工企业名单由省级粮食行政管理部门于签约后1个月内书面报送国家粮食局备案。

第五章 设计施工与技术服务

第十三条 专项拟建粮仓应符合《农户小型粮仓建设标准》(LS/T 8005—2009)的各项要求,并采用经国家粮食局审查鉴定的标准化设计图纸。专项所建粮仓要按照要求进行统一标识(详见附件1)。

第十四条 各省(区、市)需要对已通过鉴定的标准化仓型进行修改、完善的,应向国家粮食局提出申请进行审查鉴定。拟采用粮仓的仓型确定后，由省级粮食行政管理部门将有关规格型号、性能指标和核定造价（概算）等报国家粮食局备案。各地必须按照确定的标准图纸组织招标建设。

第十五条　国家粮食局指定相关科研机构作为全国农户科学储粮专项总体技术支持单位，协助粮食行政管理部门制定粮仓标准和技术规范，设计通用图集，审核仓型及造价，对专项建设进行技术指导、监督检查和验收抽查。同时，根据农户需求情况对粮仓及技术装备进行改进、完善、配套和创新，不断适应农户需要。

各省级粮食行政管理部门可依托总体技术支持单位，或在总体技术支持单位协调下选定一家粮食科研设计单位作为本省（区、市）专项建设技术支持单位，负责本省（区、市）专项的技术服务等工作，与粮食仓储企业等建立省、地（市）、县三级农户科学储粮技术服务体系。省级粮食行政管理部门要与专项技术支持单位签订技术服务合同。

各省级粮食行政管理部门需选定一家监理单位，负责粮仓制造和安装等质量监理。

第十六条　年度下达的单仓造价为最高控制价，通过招标如有节余，应全部用于增加农户规模，不得减少地方财政资金补助比例。国家粮食局可根据原材料、劳动力及运输成本变化情况，适时对单仓造价进行审核。

第十七条　供货或施工单位应严格按照签订的施工或供货合同和标准化设计图纸组织施工、生产和供货，并配合做好售后服务和技术指导。供货或施工单位应对所供粮仓统一编号，按农户登记，以备检查；并按照专项统一标识要求，对所供粮仓刷涂（张贴）永久性统一标识。

第六章　资金管理

第十八条　农户科学储粮专项资金按项目专账管理，专项资金拨付按财政国库管理制度有关规定执行。地方财政补助资金未能按时到位且影响专项整体实施的，取消该省（区、市）当年的建设计划。农户自筹资金的管理可根据实际情况自行确定。

第十九条　为保证专项实施，可按国家有关规定，适当安排部分装具设计、监理、技术服务等项目实施所需的相关费用，所安排的费用由地方财政资金解决。

第二十条　各级粮食行政管理部门应严格按照财政资金管理的有关规定使用项目资金，专账管理、专款专用。对截留、挪用项目资金的省份，一经发现，除按国家有关规定追究责任外，将不再安排农户科学储粮专项建设计划。

第七章 监督检查

第二十一条 国家粮食局纪检监察部门对项目的实施情况进行监督检查。各省(区、市)粮食系统纪检监察部门要及时了解项目实施情况，配合做好监管工作。

第二十二条 专项实行受益公示制。项目县应对受益农户和补助金额等在乡镇或村范围内张榜公示，接受群众监督。

第二十三条 项目县应按要求对粮仓进行登记、编号，建立农户储粮新建粮仓档案。档案使用国家粮食局统一编制的软件填写、汇总、上报。档案内容包括：农户姓名、身份证号码、地址、联系方式、粮仓型号、购置数量、补贴金额、合同编号等。

第二十四条 县级粮食行政管理部门应做到逐户现场检查，监督工程建设质量和技术服务工作；省级粮食行政管理部门应会同地(市)粮食行政管理部门进行抽查。

第二十五条 项目进度实行季度报告制度。各省级粮食行政管理部门应于每季末 5 日前将项目执行和完成情况报送国家粮食局(详见附件 2)。主要内容包括：资金到位和拨付情况、粮仓供货或施工单位招标情况、制造和安装进度、技术服务开展情况等。国家粮食局根据项目进展情况组织专家组进行现场检查。

第二十六条 项目的设计、施工、设备购置、技术服务等都要依法订立合同。各类合同需明确质量要求、履约担保和违约处罚条款，以及双方的权利和义务。

第二十七条 对未按期完成施工、供货任务，或施工、设备质量存在较大问题的中标企业，除按合同依法追究责任外，取消其三年内参与农户科学储粮专项及粮食仓储物流设施建设的投标资格并予以公告。

第八章 验收与总结

第二十八条 专项具备验收的基本条件为：粮仓性能指标符合《农户小型粮仓建设标准》，粮仓全部逐户到位并投入使用，能够满足农户安全储粮需要，项目资金按要求办理结算和竣工决算，建立完整的专项粮仓电子档案。

第二十九条 专项验收按以下程序和要求办理：

(一)县级验收

县级验收由县级粮食行政管理部门组织，必须做到逐户现场验收。原则上，应于年底前完成专项建设任务，并于来年第一季度末完成县级验收，同时向省级粮食行政管理部门提报验收申请报告及农户科学储粮专项验收报批表。验收申请报告主要包括项目实施情况、验收结果、资金使用情况等内容，并提报农户电子档案(详见附件 3)。对于验收不合格的粮仓，应责成有关单位在 10 日内完成整改。

（二）省级验收

省级验收由省级粮食行政管理部门组织地（市）级粮食部门，采取随机抽查方式对全部项目县实行现场验收，抽查数量原则上为实施项目农户总数的1%～5%。省级验收后要形成书面验收结论。

省级验收主要包括专项计划完成情况、成本控制与资金管理、技术服务体系建立情况、粮食减损效果、经济效益分析等内容。省级验收完成后，以省为单位向国家粮食局报送验收总结报告。

项目县未按要求完成农户科学储粮专项粮仓档案管理软件信息录入工作的，不得通过省级验收。

（三）国家粮食局抽查验收

国家粮食局在专项建设期内随时督查，并在省级验收完成后组织抽查验收。

第三十条　各级验收后要形成专项工作总结，对专项建设做出效果评估，并提出意见和建议，同时按有关规定进行资产处理。

第三十一条　对按时完成专项建设任务且效果显著的省级、地（市）级和县级粮食局，由国家粮食局给予表彰。对不能按要求完成建设任务的，由国家粮食局按有关规定向国家发展改革委提出建议，要求调整投资计划和收回中央投资补助，并不再安排下一年度投资计划。

第九章　附　则

第三十二条　各省级粮食行政管理部门可结合本地实际情况，根据本办法规定制定本省（区、市）专项管理实施细则，并报国家粮食局备案。

第三十三条　本办法自颁布之日起实施，原《农户科学储粮专项管理办法（暂行）》同时废止。

附件：1. 农户科学储粮专项统一标识（略）

2. 农户科学储粮专项建设进度季报表（略）

3. 农户科学储粮专项验收报批表（略）

7.5 中央储备粮管理条例

（2003年8月15日中华人民共和国国务院令第388号公布　根据2011年1月8日《国务院关于废止和修改部分行政法规的决定》第一次修订根据2016年2月6日《国务院关于修改部分行政法规的决定》第二次修订）

第一章　总则

第一条　为了加强对中央储备粮的管理，保证中央储备粮数量真实、质量良好和储存安全，保护农民利益，维护粮食市场稳定，有效发挥中央储备粮在国家宏观调控中的作用，制定本条例。

第二条　本条例所称中央储备粮，是指中央政府储备的用于调节全国粮食供求总量，稳定粮食市场，以及应对重大自然灾害或者其他突发事件等情况的粮食和食用油。

第三条　从事和参与中央储备粮经营管理、监督活动的单位和个人，必须遵守本条例。

第四条　国家实行中央储备粮垂直管理体制，地方各级人民政府及有关部门应当对中央储备粮的垂直管理给予支持和协助。

第五条　中央储备粮的管理应当严格制度、严格管理、严格责任，确保中央储备粮数量真实、质量良好和储存安全，确保中央储备粮储得进、管得好、调得动、用得上并节约成本、费用。未经国务院批准，任何单位和个人不得擅自动用中央储备粮。

第六条　国务院发展改革部门及国家粮食行政管理部门会同国务院财政部门负责拟订中央储备粮规模总量、总体布局和动用的宏观调控意见，对中央储备粮管理进行指导和协调；国家粮食行政管理部门负责中央储备粮的行政管理，对中央储备粮的数量、质量和储存安全实施监督检查。

第七条　国务院财政部门负责安排中央储备粮的贷款利息、管理费用等财政补贴，并保证及时、足额拨付；负责对中央储备粮有关财务执行情况实施监督检查。

第八条　中国储备粮管理总公司具体负责中央储备粮的经营管理，并对中央储备粮的数量、质量和储存安全负责。

中国储备粮管理总公司依照国家有关中央储备粮管理的行政法规、规章、国家标准和技术规范，建立、健全中央储备粮各项业务管理制度，并报国家粮食行政管理部门备案。

第九条 中国农业发展银行负责按照国家有关规定，及时、足额安排中央储备粮所需贷款，并对发放的中央储备粮贷款实施信贷监管。

第十条 任何单位和个人不得以任何方式骗取、挤占、截留、挪用中央储备粮贷款或者贷款利息、管理费用等财政补贴。

第十一条 任何单位和个人不得破坏中央储备粮的仓储设施，不得偷盗、哄抢或者损毁中央储备粮。

中央储备粮储存地的地方人民政府对破坏中央储备粮仓储设施，偷盗、哄抢或者损毁中央储备粮的违法行为，应当及时组织有关部门予以制止、查处。

第十二条 任何单位和个人对中央储备粮经营管理中的违法行为，均有权向国家粮食行政管理部门等有关部门举报。国家粮食行政管理部门等有关部门接到举报后，应当及时查处；举报事项的处理属于其他部门职责范围的，应当及时移送其他部门处理。

第二章 中央储备粮的计划

第十三条 中央储备粮的储存规模、品种和总体布局方案，由国务院发展改革部门及国家粮食行政管理部门会同国务院财政部门，根据国家宏观调控需要和财政承受能力提出，报国务院批准。

第十四条 中央储备粮的收购、销售计划，由国家粮食行政管理部门根据国务院批准的中央储备粮储存规模、品种和总体布局方案提出建议，经国务院发展改革部门、国务院财政部门审核同意后，由国务院发展改革部门及国家粮食行政管理部门会同国务院财政部门和中国农业发展银行共同下达中国储备粮管理总公司。

第十五条 中国储备粮管理总公司根据中央储备粮的收购、销售计划，具体组织实施中央储备粮的收购、销售。

第十六条 中央储备粮实行均衡轮换制度，每年轮换的数量一般为中央储备粮储存总量的20％至30％。

中国储备粮管理总公司应当根据中央储备粮的品质情况和入库年限，提出中央储备粮年度轮换的数量、品种和分地区计划，报国家粮食行政管理部门、国务院财政部门和中国农业发展银行批准。中国储备粮管理总公司在年度轮换计划内根据粮食市场供求状况，具体组织实施中央储备粮的轮换。

第十七条 中国储备粮管理总公司应当将中央储备粮收购、销售、年度轮换计划的具体执行情况，及时报国务院发展改革部门、国家粮食行政管理部门和国务院财政部门备案，并抄送中国农业发展银行。

第三章　中央储备粮的储存

第十八条　中国储备粮管理总公司直属企业为专门储存中央储备粮的企业。

中央储备粮也可以依照本条例的规定由具备条件的其他企业代储。

第十九条　代储中央储备粮的企业，应当具备下列条件：

（一）仓库容量达到国家规定的规模，仓库条件符合国家标准和技术规范的要求；

（二）具有与粮食储存功能、仓型、进出粮方式、粮食品种、储粮周期等相适应的仓储设备；

（三）具有符合国家标准的中央储备粮质量等级检测仪器和场所，具备检测中央储备粮储存期间仓库内温度、水分、害虫密度的条件；

（四）具有经过专业培训的粮油保管员、粮油质量检验员等管理技术人员；

（五）经营管理和信誉良好，并无严重违法经营记录。

选择代储中央储备粮的企业，应当遵循有利于中央储备粮的合理布局，有利于中央储备粮的集中管理和监督，有利于降低中央储备粮成本、费用的原则。

第二十条　具备本条例第十九条规定代储条件的企业，经国家粮食行政管理部门审核同意，取得代储中央储备粮的资格。

企业代储中央储备粮的资格认定办法，由国家粮食行政管理部门会同国务院财政部门，并征求中国农业发展银行和中国储备粮管理总公司的意见制定。

第二十一条　中国储备粮管理总公司负责从取得代储中央储备粮资格的企业中，根据中央储备粮的总体布局方案择优选定中央储备粮代储企业，报国家粮食行政管理部门、国务院财政部门和中国农业发展银行备案，并抄送当地粮食行政管理部门。

中国储备粮管理总公司应当与中央储备粮代储企业签订合同，明确双方的权利、义务和违约责任等事项。

中央储备粮代储企业不得将中央储备粮轮换业务与其他业务混合经营。

第二十二条　中国储备粮管理总公司直属企业、中央储备粮代储企业（以下统称承储企业）储存中央储备粮，应当严格执行国家有关中央储备粮管理的行政法规、规章、国家标准和技术规范，以及中国储备粮管理总公司依照有关行政法规、规章、国家标准和技术规范制定的各项业务管理制度。

第二十三条　承储企业必须保证入库的中央储备粮达到收购、轮换计划规定的质量等级，并符合国家规定的质量标准。

第二十四条　承储企业应当对中央储备粮实行专仓储存、专人保管、专账记载，保证中央储备粮账账相符、账实相符、质量良好、储存安全。

第二十五条　承储企业不得虚报、瞒报中央储备粮的数量，不得在中央储备粮中掺杂掺假、以次充好，不得擅自串换中央储备粮的品种、变更中央储备粮的储存地点，不得因延误轮换或者管理不善造成中央储备粮陈化、霉变。

第二十六条　承储企业不得以低价购进高价入账、高价售出低价入账、以旧粮顶替新粮、虚增入库成本等手段套取差价，骗取中央储备粮贷款和贷款利息、管理费用等财政补贴。

第二十七条　承储企业应当建立、健全中央储备粮的防火、防盗、防洪等安全管理制度，并配备必要的安全防护设施。

地方各级人民政府应当支持本行政区域内的承储企业做好中央储备粮的安全管理工作。

第二十八条　承储企业应当对中央储备粮的储存管理状况进行经常性检查；发现中央储备粮数量、质量和储存安全等方面的问题，应当及时处理；不能处理的，承储企业的主要负责人必须及时报告中国储备粮管理总公司或者其分支机构。

第二十九条　承储企业应当在轮换计划规定的时间内完成中央储备粮的轮换。

中央储备粮的轮换应当遵循有利于保证中央储备粮的数量、质量和储存安全，保持粮食市场稳定，防止造成市场粮价剧烈波动，节约成本、提高效率的原则。

中央储备粮轮换的具体管理办法，由国务院发展改革部门及国家粮食行政管理部门会同国务院财政部门，并征求中国农业发展银行和中国储备粮管理总公司的意见制定。

第三十条　中央储备粮的收购、销售、轮换原则上应当通过规范的粮食批发市场公开进行，也可以通过国家规定的其他方式进行。

第三十一条　承储企业不得以中央储备粮对外进行担保或者对外清偿债务。

承储企业依法被撤销、解散或者破产的，其储存的中央储备粮由中国储备粮管理总公司负责调出另储。

第三十二条　中央储备粮的管理费用补贴实行定额包干，由国务院财政部门拨付给中国储备粮管理总公司；中国储备粮管理总公司按照国务院财政部门的有关规定，通过中国农业发展银行补贴专户，及时、足额拨付到承储企业。中国储备粮管理总公司在中央储备粮管理费用补贴包干总额内，可以根据不同储存条件和实际费用水平，适当调整不同地区、不同品种、不同承储企业的管理费用补贴标准；但同一地区、同一品种、储存条件基本相同的承储企业的管理费用补贴标准原则上应当一致。

中央储备粮的贷款利息实行据实补贴，由国务院财政部门拨付。

第三十三条　中央储备粮贷款实行贷款与粮食库存值增减挂钩和专户管理、专款专用。

承储企业应当在中国农业发展银行开立基本账户，并接受中国农业发展银行的信贷监管。

中国储备粮管理总公司应当创造条件，逐步实行中央储备粮贷款统借统还。

第三十四条　中央储备粮的入库成本由国务院财政部门负责核定。中央储备粮的入库成本一经核定，中国储备粮管理总公司及其分支机构和承储企业必须遵照执行。

任何单位和个人不得擅自更改中央储备粮入库成本。

第三十五条　国家建立中央储备粮损失、损耗处理制度，及时处理所发生的损失、损耗。具体办法由国务院财政部门会同国家粮食行政管理部门，并征求中国储备粮管理总公司和中国农业发展银行的意见制定。

第三十六条　中国储备粮管理总公司应当定期统计、分析中央储备粮的储存管理情况，并将统计、分析情况报送国务院发展改革部门、国家粮食行政管理部门、国务院财政部门及中国农业发展银行。

第四章　中央储备粮的动用

第三十七条　国务院发展改革部门及国家粮食行政管理部门，应当完善中央储备粮的动用预警机制，加强对需要动用中央储备粮情况的监测，适时提出动用中央储备粮的建议。

第三十八条　出现下列情况之一的，可以动用中央储备粮：

（一）全国或者部分地区粮食明显供不应求或者市场价格异常波动；

（二）发生重大自然灾害或者其他突发事件需要动用中央储备粮；

（三）国务院认为需要动用中央储备粮的其他情形。

第三十九条　动用中央储备粮，由国务院发展改革部门及国家粮食行政管理部门会同国务院财政部门提出动用方案，报国务院批准。动用方案应当包括动用中央储备粮的品种、数量、质量、价格、使用安排、运输保障等内容。

第四十条　国务院发展改革部门及国家粮食行政管理部门，根据国务院批准的中央储备粮动用方案下达动用命令，由中国储备粮管理总公司具体组织实施。

紧急情况下，国务院直接决定动用中央储备粮并下达动用命令。

国务院有关部门和有关地方人民政府对中央储备粮动用命令的实施，应当给予支持、配合。

第四十一条　任何单位和个人不得拒绝执行或者擅自改变中央储备粮动用命令。

第五章　监督检查

第四十二条　国家粮食行政管理部门、国务院财政部门按照各自职责，依法对中国储备粮管理总公司及其分支机构、承储企业执行本条例及有关粮食法规的情况，进行监督检查。在监督检查过程中，可以行使下列职权：

（一）进入承储企业检查中央储备粮的数量、质量和储存安全；

（二）向有关单位和人员了解中央储备粮收购、销售、轮换计划及动用命令的执行情况；

（三）调阅中央储备粮经营管理的有关资料、凭证；

（四）对违法行为，依法予以处理。

第四十三条　国家粮食行政管理部门、国务院财政部门在监督检查中，发现中央储备粮数量、质量、储存安全等方面存在问题，应当责成中国储备粮管理总公司及其分支机构、承储企业立即予以纠正或者处理；发现中央储备粮代储企业不再具备代储条件，国家粮食行政管理部门应当取消其代储资格；发现中国储备粮管理总公司直属企业存在不适于储存中央储备粮的情况，国家粮食行政管理部门应当责成中国储备粮管理总公司对有关直属企业限期整改。

第四十四条　国家粮食行政管理部门、国务院财政部门的监督检查人员应当将监督检查情况作出书面记录，并由监督检查人员和被检查单位的负责人签字。被检查单位的负责人拒绝签字的，监督检查人员应当将有关情况记录在案。

第四十五条　审计机关依照审计法规定的职权和程序，对有关中央储备粮的财务收支情况实施审计监督；发现问题，应当及时予以处理。

第四十六条　中国储备粮管理总公司及其分支机构、承储企业，对国家粮食行政管理部门、国务院财政部门、审计机关的监督检查人员依法履行职责，应当予以配合。

任何单位和个人不得拒绝、阻挠、干涉国家粮食行政管理部门、国务院财政部门、审计机关的监督检查人员依法履行监督检查职责。

第四十七条　中国储备粮管理总公司及其分支机构应当加强对中央储备粮的经营管理和检查，对中央储备粮的数量、质量存在的问题，应当及时予以纠正；对危及中央储备粮储存安全的重大问题，应当立即采取有效措施予以处理，并报告国家粮食行政管理部门、国务院财政部门及中国农业发展银行。

第四十八条　中国农业发展银行应当按照资金封闭管理的规定，加强对中央储备粮贷款的信贷监管。中国储备粮管理总公司及其分支机构、承储企业对中国农业发展银行依法进行的信贷监管,应当予以配合,并及时提供有关资料和情况。

第六章　法律责任

第四十九条　国家机关工作人员违反本条例规定,有下列行为之一的,给予警告直至撤职的行政处分;情节严重的,给予降级直至开除的行政处分;构成犯罪的,依法追究刑事责任:

(一)不及时下达中央储备粮收购、销售及年度轮换计划的;

(二)给予不具备代储条件的企业代储中央储备粮资格,或者发现中央储备粮代储企业不再具备代储条件不及时取消其代储资格的;

(三)发现中国储备粮管理总公司直属企业存在不适于储存中央储备粮的情况不责成中国储备粮管理总公司对其限期整改的;

(四)接到举报、发现违法行为不及时查处的。

第五十条　中国储备粮管理总公司及其分支机构违反本条例规定,有下列行为之一的,由国家粮食行政管理部门责令改正;对直接负责的主管人员和其他直接责任人员,责成中国储备粮管理总公司给予警告直至撤职的纪律处分;情节严重的,对直接负责的主管人员和其他直接责任人员给予降级直至开除的纪律处分;构成犯罪的,依法追究刑事责任:

(一)拒不组织实施或者擅自改变中央储备粮收购、销售、年度轮换计划及动用命令的;

(二)选择未取得代储中央储备粮资格的企业代储中央储备粮的;

(三)发现中央储备粮的数量、质量存在问题不及时纠正,或者发现危及中央储备粮储存安全的重大问题,不立即采取有效措施处理并按照规定报告的;

(四)拒绝、阻挠、干涉国家粮食行政管理部门、国务院财政部门、审计机关的监督检查人员依法履行监督检查职责的。

第五十一条　承储企业违反本条例规定,有下列行为之一的,由国家粮食行政管理部门责成中国储备粮管理总公司对其限期改正;情节严重的,对中央储备粮代储企业,还应当取消其代储资格;对直接负责的主管人员和其他直接责任人员给予警告直至开除的纪律处分;构成犯罪的,依法追究刑事责任:

(一)入库的中央储备粮不符合质量等级和国家标准要求的;

(二)对中央储备粮未实行专仓储存、专人保管、专账记载,中央储备粮账账不符、账实不符的;

(三)发现中央储备粮的数量、质量和储存安全等方面的问题不及时处理,或者处理不了不及时报告的；

(四)拒绝、阻挠、干涉国家粮食行政管理部门、国务院财政部门、审计机关的监督检查人员或者中国储备粮管理总公司的检查人员依法履行职责的。

第五十二条 承储企业违反本条例规定，有下列行为之一的，由国家粮食行政管理部门责成中国储备粮管理总公司对其限期改正；有违法所得的，没收违法所得；对直接负责的主管人员给予降级直至开除的纪律处分；对其他直接责任人员给予警告直至开除的纪律处分；构成犯罪的，依法追究刑事责任；对中央储备粮代储企业，取消其代储资格：

(一)虚报、瞒报中央储备粮数量的；

(二)在中央储备粮中掺杂掺假、以次充好的；

(三)擅自串换中央储备粮的品种、变更中央储备粮储存地点的；

(四)造成中央储备粮陈化、霉变的；

(五)拒不执行或者擅自改变中央储备粮收购、销售、轮换计划和动用命令的；

(六)擅自动用中央储备粮的；

(七)以中央储备粮对外进行担保或者清偿债务的。

第五十三条 承储企业违反本条例规定，以低价购进高价入账、高价售出低价入账、以旧粮顶替新粮、虚增入库成本等手段套取差价，骗取中央储备粮贷款和贷款利息、管理费用等财政补贴的，由国家粮食行政管理部门、国务院财政部门按照各自职责责成中国储备粮管理总公司对其限期改正，并责令退回骗取的中央储备粮贷款和贷款利息、管理费用等财政补贴；有违法所得的，没收违法所得；对直接负责的主管人员给予降级直至开除的纪律处分；对其他直接责任人员给予警告直至开除的纪律处分；构成犯罪的，依法追究刑事责任；对中央储备粮代储企业，取消其代储资格。

第五十四条 中央储备粮代储企业将中央储备粮轮换业务与其他业务混合经营的，由国家粮食行政管理部门责成中国储备粮管理总公司对其限期改正；对直接负责的主管人员给予警告直至降级的纪律处分；造成中央储备粮损失的，对直接负责的主管人员给予撤职直至开除的纪律处分，并取消其代储资格。

第五十五条 违反本条例规定，挤占、截留、挪用中央储备粮贷款或者贷款利息、管理费用等财政补贴，或者擅自更改中央储备粮入库成本的，由国务院财政部门、中国农业发展银行按照各自职责责令改正或者给予信贷制裁；有违法所得的，没收违法所得；对直接负责的主管人员和其他直接责任人员依法给予撤职直至开除的纪律处分；构成犯罪的，依法追究刑事责任。

第五十六条 国家机关和中国农业发展银行的工作人员违反本条例规定，滥用职权、徇私舞弊或者玩忽职守，构成犯罪的，依法追究刑事责任；尚不构成犯罪的，依法给予降级直至开除的行政处分或者纪律处分。

第五十七条　违反本条例规定，破坏中央储备粮仓储设施，偷盗、哄抢、损毁中央储备粮，构成犯罪的，依法追究刑事责任；尚不构成犯罪的，依照《中华人民共和国治安管理处罚法》的规定予以处罚；造成财产损失的，依法承担民事赔偿责任。

第五十八条　本条例规定的对国家机关工作人员的行政处分，依照《中华人民共和国公务员法》的规定执行；对中国储备粮管理总公司及其分支机构、承储企业、中国农业发展银行工作人员的纪律处分，依照国家有关规定执行。

第七章　附则

第五十九条　地方储备粮的管理办法，由省、自治区、直辖市参照本条例制定。

第六十条　本条例自公布之日起施行。

7.6 粮食流通管理条例

(2004年5月26日中华人民共和国国务院令第407号公布根据2013年7月18日《国务院关于废止和修改部分行政法规的决定》第一次修订根据2016年2月6日《国务院关于修改部分行政法规的决定》第二次修订2021年2月15日中华人民共和国国务院令第740号第三次修订)

第一章 总则

第一条 为了保护粮食生产者的积极性,促进粮食生产,维护经营者、消费者的合法权益,保障国家粮食安全,维护粮食流通秩序,根据有关法律,制定本条例。

第二条 在中华人民共和国境内从事粮食的收购、销售、储存、运输、加工、进出口等经营活动(以下统称粮食经营活动),应当遵守本条例。

前款所称粮食,是指小麦、稻谷、玉米、杂粮及其成品粮。

第三条 国家鼓励多种所有制市场主体从事粮食经营活动,促进公平竞争。依法从事的粮食经营活动受国家法律保护。严禁以非法手段阻碍粮食自由流通。

国有粮食企业应当转变经营机制,提高市场竞争能力,在粮食流通中发挥主渠道作用,带头执行国家粮食政策。

第四条 粮食价格主要由市场供求形成。

国家加强粮食流通管理,增强对粮食市场的调控能力。

第五条 粮食经营活动应当遵循自愿、公平、诚信的原则,不得损害粮食生产者、消费者的合法权益,不得损害国家利益和社会公共利益,并采取有效措施,防止和减少粮食损失浪费。

第六条 国务院发展改革部门及国家粮食和储备行政管理部门负责全国粮食的总量平衡、宏观调控和重要粮食品种的结构调整以及粮食流通的中长期规划。国家粮食和储备行政管理部门负责粮食流通的行政管理、行业指导,监督有关粮食流通的法律、法规、政策及各项规章制度的执行。

国务院市场监督管理、卫生健康等部门在各自的职责范围内负责与粮食流通有关的工作。

第七条 省、自治区、直辖市应当落实粮食安全党政同责,完善粮食安全省长责任制,承担保障本行政区域粮食安全的主体责任,在国家宏观调控下,负责本行政区域粮食的总量平衡和地方储备粮等的管理。

县级以上地方人民政府粮食和储备行政管理部门负责本行政区域粮食流通的行政管理、行业指导；县级以上地方人民政府市场监督管理、卫生健康等部门在各自的职责范围内负责与粮食流通有关的工作。

第二章　粮食经营

第八条　粮食经营者，是指从事粮食收购、销售、储存、运输、加工、进出口等经营活动的自然人、法人和非法人组织。

第九条　从事粮食收购的经营者(以下简称粮食收购者)，应当具备与其收购粮食品种、数量相适应的能力。

从事粮食收购的企业(以下简称粮食收购企业)，应当向收购地的县级人民政府粮食和储备行政管理部门备案企业名称、地址、负责人以及仓储设施等信息，备案内容发生变化的，应当及时变更备案。

县级以上地方人民政府粮食和储备行政管理部门应当加强粮食收购管理和服务，规范粮食收购活动。具体管理办法由省、自治区、直辖市人民政府制定。

第十条　粮食收购者收购粮食，应当告知售粮者或者在收购场所公示粮食的品种、质量标准和收购价格。

第十一条　粮食收购者收购粮食，应当执行国家粮食质量标准，按质论价，不得损害农民和其他粮食生产者的利益；应当及时向售粮者支付售粮款，不得拖欠；不得接受任何组织或者个人的委托代扣、代缴任何税、费和其他款项。

粮食收购者收购粮食，应当按照国家有关规定进行质量安全检验，确保粮食质量安全。对不符合食品安全标准的粮食，应当作为非食用用途单独储存。

第十二条　粮食收购企业应当向收购地的县级人民政府粮食和储备行政管理部门定期报告粮食收购数量等有关情况。

跨省收购粮食，应当向收购地和粮食收购企业所在地的县级人民政府粮食和储备行政管理部门定期报告粮食收购数量等有关情况。

第十三条　粮食收购者、从事粮食储存的企业(以下简称粮食储存企业)使用的仓储设施，应当符合粮食储存有关标准和技术规范以及安全生产法律、法规的要求，具有与储存品种、规模、周期等相适应的仓储条件，减少粮食储存损耗。

粮食不得与可能对粮食产生污染的有毒有害物质混存，储存粮食不得使用国家禁止使用的化学药剂或者超量使用化学药剂。

第十四条　运输粮食应当严格执行国家粮食运输的技术规范，减少粮食运输损耗。不得使用被污染的运输工具或者包装材料运输粮食，不得与有毒有害物质混装运输。

第十五条　从事粮食的食品生产，应当符合食品安全法律、法规和标准规定的条件和要求，对其生产食品的安全负责。

国家鼓励粮食经营者提高成品粮出品率和副产物综合利用率。

第十六条　销售粮食应当严格执行国家粮食质量等有关标准，不得短斤少两、掺杂使假、以次充好，不得囤积居奇、垄断或者操纵粮食价格、欺行霸市。

第十七条　粮食储存期间，应当定期进行粮食品质检验，粮食品质达到轻度不宜存时应当及时出库。

建立粮食销售出库质量安全检验制度。正常储存年限内的粮食，在出库前应当由粮食储存企业自行或者委托粮食质量安全检验机构进行质量安全检验；超过正常储存年限的粮食，储存期间使用储粮药剂未满安全间隔期的粮食，以及色泽、气味异常的粮食，在出库前应当由粮食质量安全检验机构进行质量安全检验。未经质量安全检验的粮食不得销售出库。

第十八条　粮食收购者、粮食储存企业不得将下列粮食作为食用用途销售出库：

（一）真菌毒素、农药残留、重金属等污染物质以及其他危害人体健康的物质含量超过食品安全标准限量的；

（二）霉变或者色泽、气味异常的；

（三）储存期间使用储粮药剂未满安全间隔期的；

（四）被包装材料、容器、运输工具等污染的；

（五）其他法律、法规或者国家有关规定明确不得作为食用用途销售的。

第十九条　从事粮食收购、加工、销售的规模以上经营者，应当按照所在地省、自治区、直辖市人民政府的规定，执行特定情况下的粮食库存量。

第二十条　粮食经营者从事政策性粮食经营活动，应当严格遵守国家有关规定，不得有下列行为：

（一）虚报粮食收储数量；

（二）通过以陈顶新、以次充好、低收高转、虚假购销、虚假轮换、违规倒卖等方式，套取粮食价差和财政补贴，骗取信贷资金；

（三）挤占、挪用、克扣财政补贴、信贷资金；

（四）以政策性粮食为债务作担保或者清偿债务；

（五）利用政策性粮食进行除政府委托的政策性任务以外的其他商业经营；

（六）在政策性粮食出库时掺杂使假、以次充好、调换标的物，拒不执行出库指令或者阻挠出库；

（七）购买国家限定用途的政策性粮食，违规倒卖或者不按照规定用途处置；

(八)擅自动用政策性粮食;

(九)其他违反国家政策性粮食经营管理规定的行为。

第二十一条　国有粮食企业应当积极收购粮食,并做好政策性粮食购销工作,服从和服务于国家宏观调控。

第二十二条　对符合贷款条件的粮食收购者,银行应当按照国家有关规定及时提供收购贷款。

中国农业发展银行应当保证中央和地方储备粮以及其他政策性粮食的信贷资金需要,对国有粮食企业、大型粮食产业化龙头企业和其他粮食企业,按企业的风险承受能力提供信贷资金支持。

政策性粮食收购资金应当专款专用,封闭运行。

第二十三条　所有从事粮食收购、销售、储存、加工的经营者以及饲料、工业用粮企业,应当建立粮食经营台账,并向所在地的县级人民政府粮食和储备行政管理部门报送粮食购进、销售、储存等基本数据和有关情况。粮食经营台账的保存期限不得少于3年。粮食经营者报送的基本数据和有关情况涉及商业秘密的,粮食和储备行政管理部门负有保密义务。

国家粮食流通统计依照《中华人民共和国统计法》的有关规定执行。

第二十四条　县级以上人民政府粮食和储备行政管理部门应当建立粮食经营者信用档案,记录日常监督检查结果、违法行为查处情况,并依法向社会公示。

粮食行业协会以及中介组织应当加强行业自律,在维护粮食市场秩序方面发挥监督和协调作用。

第二十五条　国家鼓励和支持开发、推广应用先进的粮食储存、运输、加工和信息化技术,开展珍惜和节约粮食宣传教育。

县级以上人民政府粮食和储备行政管理部门应当加强对粮食经营者的指导和服务,引导粮食经营者节约粮食、降低粮食损失损耗。

第三章　宏观调控

第二十六条　国家采取政策性粮食购销、粮食进出口等多种经济手段和必要的行政手段,加强对粮食市场的调控,保持全国粮食供求总量基本平衡和市场基本稳定。

第二十七条　国家实行中央和地方分级粮食储备制度。粮食储备用于调节粮食供求、稳定粮食市场,以及应对重大自然灾害或者其他突发事件等情况。

政策性粮食的采购和销售,原则上通过规范的粮食交易中心公开进行,也可以通过国家规定的其他方式进行。

第二十八条　国务院和地方人民政府建立健全粮食风险基金制度。粮食风险基金主要用于支持粮食储备、稳定粮食市场等。

国务院和地方人民政府财政部门负责粮食风险基金的监督管理,确保专款专用。

第二十九条　为保障市场供应、保护种粮农民利益,必要时可由国务院根据粮食安全形势,结合财政状况,决定对重点粮食品种在粮食主产区实行政策性收储。

当粮食价格显著上涨或者有可能显著上涨时,国务院和省、自治区、直辖市人民政府可以按照《中华人民共和国价格法》的规定,采取价格干预措施。

第三十条　国务院发展改革部门及国家粮食和储备行政管理部门会同国务院农业农村、统计、市场监督管理等部门负责粮食市场供求形势的监测和预警分析,健全监测和预警体系,完善粮食供需抽查制度,发布粮食生产、消费、价格、质量等信息。

第三十一条　国家鼓励粮食主产区和主销区以多种形式建立稳定的产销关系,鼓励培育生产、收购、储存、加工、销售一体化的粮食企业,支持建设粮食生产、加工、物流基地或者园区,加强对政府储备粮油仓储物流设施的保护,鼓励发展订单农业。在执行政策性收储时国家给予必要的经济优惠,并在粮食运输方面给予优先安排。

第三十二条　在重大自然灾害、重大疫情或者其他突发事件引起粮食市场供求异常波动时,国家实施粮食应急机制。

第三十三条　国家建立突发事件的粮食应急体系。国务院发展改革部门及国家粮食和储备行政管理部门会同国务院有关部门制定全国的粮食应急预案,报请国务院批准。省、自治区、直辖市人民政府根据本地区的实际情况,制定本行政区域的粮食应急预案。

第三十四条　启动全国的粮食应急预案,由国务院发展改革部门及国家粮食和储备行政管理部门提出建议,报国务院批准后实施。

启动省、自治区、直辖市的粮食应急预案,由省、自治区、直辖市发展改革部门及粮食和储备行政管理部门提出建议,报本级人民政府决定,并向国务院报告。

设区的市级、县级人民政府粮食应急预案的制定和启动,由省、自治区、直辖市人民政府决定。

第三十五条　粮食应急预案启动后,粮食经营者必须按照国家要求承担应急任务,服从国家的统一安排和调度,保证应急的需要。

第三十六条　国家鼓励发展粮食产业经济,提高优质粮食供给水平,鼓励粮食产业化龙头企业提供安全优质的粮食产品。

第四章　监督检查

第三十七条　国家建立健全粮食流通质量安全风险监测体系。国务院卫生健康、市场监督管理以及国家粮食和储备行政管理等部门，分别按照职责组织实施全国粮食流通质量安全风险监测；省、自治区、直辖市人民政府卫生健康、市场监督管理、粮食和储备行政管理等部门，分别按照职责组织实施本行政区域的粮食流通质量安全风险监测。

第三十八条　粮食和储备行政管理部门依照本条例对粮食经营者从事粮食收购、储存、运输活动和政策性粮食的购销活动，以及执行国家粮食流通统计制度的情况进行监督检查。

粮食和储备行政管理部门在监督检查过程中，可以进入粮食经营者经营场所，查阅有关资料、凭证；检查粮食数量、质量和储存安全情况；检查粮食仓储设施、设备是否符合有关标准和技术规范；向有关单位和人员调查了解相关情况；查封、扣押非法收购或者不符合国家粮食质量安全标准的粮食，用于违法经营或者被污染的工具、设备以及有关账簿资料；查封违法从事粮食经营活动的场所。

第三十九条　市场监督管理部门依照有关法律、法规的规定，对粮食经营活动中的扰乱市场秩序行为、违法交易行为以及价格违法行为进行监督检查。

第四十条　县级以上地方人民政府应当加强本行政区域粮食污染监控，建立健全被污染粮食收购处置长效机制，发现区域性粮食污染的，应当及时采取处置措施。

被污染粮食处置办法由国家粮食和储备行政管理部门会同国务院有关部门制定。

第四十一条　任何单位和个人有权对违反本条例规定的行为向有关部门检举。有关部门应当为检举人保密，并依法及时处理。

第五章　法律责任

第四十二条　违反本条例规定，粮食和储备行政管理部门和其他有关部门不依法履行粮食流通管理和监督职责的，对负有责任的领导人员和直接责任人员依法给予处分。

第四十三条　粮食收购企业未按照规定备案或者提供虚假备案信息的，由粮食和储备行政管理部门责令改正，给予警告；拒不改正的，处 2 万元以上 5 万元以下罚款。

第四十四条　粮食收购者有未按照规定告知、公示粮食收购价格或者收购粮食压级压价，垄断或者操纵价格等价格违法行为的，由市场监督管理部门依照《中华人民共和国价格法》、《中华人民共和国反垄断法》的有关规定予以处罚。

第四十五条 有下列情形之一的，由粮食和储备行政管理部门责令改正，给予警告，可以并处 20 万元以下罚款；情节严重的，并处 20 万元以上 50 万元以下罚款：

（一）粮食收购者未执行国家粮食质量标准；

（二）粮食收购者未及时向售粮者支付售粮款；

（三）粮食收购者违反本条例规定代扣、代缴税、费和其他款项；

（四）粮食收购者收购粮食，未按照国家有关规定进行质量安全检验，或者对不符合食品安全标准的粮食未作为非食用用途单独储存；

（五）从事粮食收购、销售、储存、加工的粮食经营者以及饲料、工业用粮企业未建立粮食经营台账，或者未按照规定报送粮食基本数据和有关情况；

（六）粮食储存企业未按照规定进行粮食销售出库质量安全检验。

第四十六条 粮食收购者、粮食储存企业未按照本条例规定使用仓储设施、运输工具的，由粮食和储备行政管理等部门按照职责责令改正，给予警告；被污染的粮食不得非法销售、加工。

第四十七条 粮食收购者、粮食储存企业将下列粮食作为食用用途销售出库的，由粮食和储备行政管理部门没收违法所得；违法销售出库的粮食货值金额不足 1 万元的，并处 1 万元以上 5 万元以下罚款，货值金额 1 万元以上的，并处货值金额 1 倍以上 5 倍以下罚款：

（一）真菌毒素、农药残留、重金属等污染物质以及其他危害人体健康的物质含量超过食品安全标准限量的；

（二）霉变或者色泽、气味异常的；

（三）储存期间使用储粮药剂未满安全间隔期的；

（四）被包装材料、容器、运输工具等污染的；

（五）其他法律、法规或者国家有关规定明确不得作为食用用途销售的。

第四十八条 从事粮食的食品生产，不符合食品安全法律、法规和标准规定的条件和要求的，由市场监督管理部门依照《中华人民共和国食品安全法》、《中华人民共和国食品安全法实施条例》等有关规定予以处罚。

第四十九条 从事政策性粮食经营活动，有下列情形之一的，由粮食和储备行政管理部门责令改正，给予警告，没收违法所得，并处 50 万元以上 200 万元以下罚款；情节严重的，并处 200 万元以上 500 万元以下罚款：

（一）虚报粮食收储数量；

（二）通过以陈顶新、以次充好、低收高转、虚假购销、虚假轮换、违规倒卖等方式，套取粮食价差和财政补贴，骗取信贷资金；

（三）挤占、挪用、克扣财政补贴、信贷资金；

（四）以政策性粮食为债务作担保或者清偿债务；

（五）利用政策性粮食进行除政府委托的政策性任务以外的其他商业经营；

（六）在政策性粮食出库时掺杂使假、以次充好、调换标的物，拒不执行出库指令或者阻挠出库；

（七）购买国家限定用途的政策性粮食，违规倒卖或者不按照规定用途处置；

（八）擅自动用政策性粮食；

（九）其他违反国家政策性粮食经营管理规定的行为。

粮食应急预案启动后，不按照国家要求承担应急任务，不服从国家的统一安排和调度的，依照前款规定予以处罚。

第五十条　对粮食经营活动中的扰乱市场秩序、违法交易等行为，由市场监督管理部门依照有关法律、法规的规定予以处罚。

第五十一条　从事粮食经营活动的企业有违反本条例规定的违法情形且情节严重的，对其法定代表人、主要负责人、直接负责的主管人员和其他直接责任人员处以其上一年度从本企业取得收入的1倍以上10倍以下罚款。

第五十二条　违反本条例规定，阻碍粮食自由流通的，依照《国务院关于禁止在市场经济活动中实行地区封锁的规定》给予处罚。

第五十三条　违反本条例规定，构成违反治安管理行为的，由公安机关依法给予治安管理处罚；构成犯罪的，依法追究刑事责任。

第六章　附则

第五十四条　本条例下列用语的含义是：

粮食收购，是指向种粮农民、其他粮食生产者或者粮食经纪人、农民专业合作社等批量购买粮食的活动。

粮食加工，是指通过处理将原粮转化成半成品粮、成品粮以及其他食用或者非食用产品的活动。

政策性粮食，是指政府指定或者委托粮食经营者购买、储存、加工、销售，并给予财政、金融等方面政策性支持的粮食，包括但不限于政府储备粮。

粮食经纪人，是指以个人或者家庭为经营主体，直接向种粮农民、其他粮食生产者、农民专业合作社批量购买粮食的经营者。

技术规范，是指尚未制定国家标准、行业标准，国家粮食和储备行政管理部门根据监督管理工作需要制定的补充技术要求。

第五十五条 大豆、油料和食用植物油的收购、销售、储存、运输、加工、进出口等经营活动，适用本条例除第九条第二款以外的规定。

粮食进出口的管理，依照有关法律、法规的规定执行。

第五十六条 本条例自 2021 年 4 月 15 日起施行。

参考文献

白岩．东北玉米国家临时收储政策实效浅析——以2008/09年度为例[J]．农业经济，2009(10):42-43.

蔡鸿毅，彭家乐，刘合光．临储制度退出对玉米产业链的影响分析[J]．安徽农业科学，2017,45(18):221-222,255.

蔡荣，汪紫钰．中国玉米生产的环境效率及其时空分异——兼论玉米临时收储政策的环境影响[J]．农林经济管理学报，2019,18(5):569-578.

蔡颖萍，杜志雄．玉米临时收储政策调整对家庭农场土地流转租金的影响分析[J]．中国农村观察，2020(3):114-129.

陈一彤，辛慕轩，蔡逸群，等．东北大豆、玉米临时收储政策改革对期货市场和农民收入的影响：传导机制与实证检验[J]．中国市场，2019(12):54-56,58.

仇焕广，李新海，余嘉玲．中国玉米产业：发展趋势与政策建议[J]．农业经济问题，2021(7):4-16.

樊琦，祁迪，李霜．玉米临时收储制度的改革与转型研究[J]．农业经济问题，2016,37(8):74-81,111.

郭丽，侯雯嘉，朱思柱．临时收储政策对我国玉米供求影响的实证分析[J]．中国畜牧杂志，2017,53(3):141-146.

郭振宁．浅析玉米临时收储政策效果及建议[J]．黑龙江粮食，2009(1):25-26.

韩冬青，国强，孙朋朋，等．玉米临时收储价格取消的影响分析[J]．环渤海经济瞭望，2018(6):38-39.

韩啸，孙玲琍．临时收储政策改革对农产品市场化影响实证分析[J]．云南农业大学学报(社会科学)，2018,12(4):64-71.

纪媛．我国玉米临时收储政策实施效果评价研究[D]．北京：中国农业科学院，2018.

纪媛，张蕙杰．基于价格视角的我国玉米临时收储政策效果研究[J]．上海农业学报，2018,34(5):111-117.

蒋文斌．玉米收储政策调整对期货市场影响研究[D]．南京：南京财经大学，2018.

李冰．临储政策变革下玉米供求机制及政策效果分析[D]．昆明：云南财经大学,2019.

李光泗,肖城灼,刘婷. 农户储粮投机行为及其影响因素分析——以稻谷为例[J]. 粮食经济研究,2020,6(1):15-24.

李国祥. 深化我国粮食政策性收储制度改革的思考[J]. 中州学刊,2017(7):31-37.

李显戈. 政策干预对国内外玉米价格传导的影响分析[J]. 科技与经济,2019,32(3):46-49,90.

李辛一,朱满德,姚志. 临时收储政策退出对玉米期货和现货价格发现功能的影响[J]. 中国农业大学学报,2021,26(3):227-239.

廖进球,黄青青. 价格支持政策与粮食可持续发展能力:基于玉米临时收储政策的自然实验[J]. 改革,2019(4):115-125.

刘超,邢怀浩,朱满德. 收储制度改革与我国玉米市场格局的时空演变[J]. 价格理论与实践,2020(5):65-68,175.

吕新业,刘华. 农户粮食储备规模及行为影响因素分析——基于四省不同粮食品种的调查[J]. 农业技术经济,2012(12):22-30.

马俊凯. 中国玉米临时收储制度改革及政策优化研究[J]. 粮食经济研究,2019,5(2):27-37.

欧思瑶,李德淳,母欣,等. 东北地区玉米收储制度改革的相关影响和政策建议[J]. 中国市场,2018(4):37-38.

彭乙申,易福金. 玉米临时收储改革的可能选项与影响分析[J]. 江苏农业科学,2017,45(16):351-357.

隋丽莉,顾莉丽. 新世纪以来我国粮食价格政策成效、问题与改革方向[J]. 经济纵横,2020(3):119-128.

汪紫钰. 临时收储政策对玉米全要素生产率的影响[D]. 南京:南京财经大学,2020.

王佳瑜. 玉米价格走势回顾与展望[J]. 农村经济与科技,2020,31(3):150-151.

王瑾. 玉米临时收储政策的改革、影响与思考[J]. 农业经济,2020(1):131-133.

王劲雨,陈盛伟. 后临储制度下玉米价格风险管控[J]. 华南农业大学学报(社会科学版),2021,20(1):59-70.

王秋霖,张宁宁,刘慧. 市场化改革背景下我国玉米供给反应实证研究——基于2008—2019年东北三省省级面板数据[J]. 中国农业资源与区划,2021,42

(10):145-152.

王帅,戴芳,张旭,等. 临时收储政策变动背景下玉米产量变化影响因素分析——以河北省为例[J]. 畜牧与饲料科学,2020,41(1):88-91.

吴学兵,乔娟. 临时收储政策对玉米产业的影响分析[J]. 中国畜牧杂志,2016,52(6):15-19.

邢嘉. 玉米临时收储政策及其改革[J]. 现代商业,2020(25):27-28.

徐建玲,储怡菲,严洁君. 临时收储政策对玉米生产技术效率的影响研究[J]. 新疆农垦经济,2020(3):40-50.

徐志刚,习银生,张世煌. 2008/2009 年度国家玉米临时收储政策实施状况分析[J]. 农业经济问题,2010,31(3):16-23,110.

许庆,刘进,杨青. WTO 规则下的农业补贴改革:逻辑、效果与方向[J]. 农业经济问题,2020(9):88-100.

严洁君. 临时收储政策对玉米生产技术效率的影响研究[D]. 南京:南京财经大学,2019.

杨国蕾,孙天合,刘洁,等. 粮食购销市场化改革效果季节异质性研究——以玉米临时收储制度为例[J]. 经济与管理,2020,34(3):52-61.

杨月锋,徐学荣. 主销区农户储粮行为的影响因素分析——基于福建的调查数据[J]. 福建农林大学学报(哲学社会科学版),2015,18(5):39-44.

姚志,谢云. 玉米临时收储价格政策实施效果与改制原因分析[J]. 价格月刊,2016(11):26-30.

张瑞娟,武拉平,崔登峰. 从农户粮食供需均衡看农户储粮影响因素[J]. 石河子大学学报(哲学社会科学版),2013,27(2):86-92.

张诗靓,文浩楠,杨艳涛. 新形势下稳定中国玉米供给的影响因素研究——基于东北地区动态面板数据的实证分析[J]. 中国农业资源与区划,2019,40(12):214-219.

张晓山,刘长全. 粮食收储制度改革与去库存[J]. 农村经济,2017(7):1-6.

张义博,黄汉权,涂圣伟. 玉米收储制度改革的成效、问题及建议——基于黑龙江省绥化市的调查[J]. 中国经贸导刊,2017(16):50-52.

张莹莹. 我国玉米临时收储价格政策的成效、问题与对策[J]. 价格月刊,2016(10):37-40.

赵磊. 关于玉米"临时收储"的思考[N]. 期货日报,2009-06-08(005).

赵轶阳,程黔. 中国玉米临时收储政策研究[J]. 农业展望,2015,11(11):22-26.

周圣钧,田佳琦,王路加．我国玉米价格补贴政策改革实施效果研究[J]．价格理论与实践,2017(7):69-71.

周旭旭,武舜臣,储怡菲．玉米收储制度改革对期货投资者理性的影响——基于投资者羊群效应阶段性差异的分析[J]．湖南农业大学学报(社会科学版),2019,20(1):49-55.

朱思睿,刘文明,李晨曦,等．玉米收储制度改革背景下吉林省农户生产经营困境及对策研究[J]．玉米科学,2019,27(5):181-185.

朱思睿．玉米收储制度改革对农民收入影响研究[D]．长春:吉林农业大学,2019.

朱晓乐．粮食收储制度改革:动因、成效与展望[J]．宏观经济研究,2018(4):119-123.

邹小娇,张郁．黑龙江省粮食作物种植结构变化的政策驱动分析——基于DID模型[J]．中国农学通报,2021,37(15):150-157.